SECOND EDITION

Imprint: Independently Published

By Magdalena Weidner & Thomas Weidner
Edited by Martin Ringenaldus

GERMAN SENTENCE BUILDERS

A Lexicogrammar approach
Beginner – Pre-Intermediate

SECOND EDITION

Answer Book

This is the answer booklet contains answers for all exercises and follows the exact order of the original book. To further make this book user friendly there is a reference to which page a particular page matches with in the original – student book, at the start of each unit section.

We hope that you enjoy using it and that your students enjoy working with "German Sentence Builders – A Lexicogrammar approach".

Thanks,

Gianfranco Conti, Dylan Viñales,
Magdalena Weidner, Thomas Weidner
& Martin Ringenaldus

TABLE OF CONTENTS

Unit 1. Talking about my age: VOCABULARY BUILDING (Page 3)

1. Match up
(ein Jahr/one year) (zwei Jahre/two years) (drei Jahre/three years) (vier Jahre/four years) (fünf Jahre/five years) (sechs Jahre/six years) (sieben Jahre/seven years) (acht Jahre/eight years) (neun Jahre/nine years) (zehn Jahre/ten years) (elf Jahre/eleven years) (zwölf Jahre/twelve years)

2. Complete with the missing word
a. Ich bin <u>vierzehn</u> Jahre alt.   **b.** Mein Bruder <u>heißt</u> Max.   **c.** Ich <u>heiße</u> Stefan.
d. Mein Bruder <u>ist</u> zwei.   **e.** Mein Schwester ist <u>vier</u>.   **f.** <u>Ich</u> heiße Anna.

3. Translate into English
a. I am called   **b.** I am six years old.   **c.** I am twelve years old.   **d.** He is fourteen years old.
e. She is eight years old.   **f.** He is called …   **g.** My brother is …   **h.** My sister is …   **i.** She is called …

4. Broken words:
a. ich b<u>in</u>   **b.** ich hei<u>ße</u>   **c.** meine Schwe<u>ster</u>   **d.** zw<u>ölf</u>   **e.** fünfz<u>ehn</u>   **f.** e<u>lf</u>   **g.** ne<u>un</u>   **h.** vier<u>zehn</u>   **i.** a<u>cht</u>

5. Rank the people below
1 – 2 – 6 – 8 – 3 – 7 – 5 – 4

6. For each pair of people write who is the oldest, as shown in the example
A – A – A – B – A – B – A

Unit 1. Talking about my age: READING (Page 4)

1. Find the German for the following items in Alex' text
a. ich wohne in   **b.** das ist die Hauptstadt   **c.** ich habe einen Bruder
d. ich bin zwölf Jahre alt   **e.** er heißt   **f.** von Deutschland   **g.** er ist vierzehn Jahre alt

2. Answer the following questions about Tim
a. Bern   **b.** ten years old   **c.** 2   **d.** Barbara is five years old and Finn is nine years old

3. Complete the table below
Laura: 13/ Austria/ 1 brother/ 15   **Tim:** 10/ Switzerland/ 2 siblings/ 5 and 9   **Alex:** 12/ Germany/ 1 brother/ 14

4. Luise, Marcel or Anna?   **a.** Anna   **b.** Luise   **c.** Marcel   **d.** Anna   **e.** Luise

Unit 1. Talking about my age: TRANSLATION (Page 5)

1. Bad translation: spot and correct (in the English) any translation mistakes you find below
a. <u>I'm called</u> Olivia.   **b.** I have two <u>sisters</u>.   **c.** My <u>sister</u> is called Petra.   **d.** My <u>brother</u> is 5.
e. I am <u>fifteen</u>.   **f.** My brother is <u>eight</u>.   **g.** I have no <u>siblings</u>.   **h.** but I have an <u>uncle</u>
i. I am <u>11</u> years old.   **j.** <u>He</u> is called Jens.

2. From German to English
a. My brother is called Jonas.   **b.** I am fifteen years old.   **c.** My brother is six years old.   **d.** My sister is called Annika.
e. I am seven years old.   **f.** I live in Berlin.   **g.** My sister is thirteen years old.   **h.** I have a brother and a sister.
i. Ich have no sister.   **j.** Franzi is nine years old.

3. Translate from English to German
a. Ich heiße Max. Ich bin sieben Jahre alt.   **b.** Mein Bruder ist vierzehn.
c. Ich bin zwölf Jahre alt.   **d.** Mein Schwester heißt Julia.
e. Ich bin fünfzehn.   **f.** Ich habe einen Bruder und eine Schwester.
g. Ich heiße Miriam und ich bin dreizehn.   **h.** Ich habe keine Schwester, aber ich habe einen Bruder.
i. Ich heiße Sebastian. Ich bin zehn. Ich habe einen Bruder und eine Schwester.

1. Complete the words
a. Ich heiße Max.   **b.** Ich bin vierzehn Jahre alt.   **c.** Ich habe einen Bruder.   **d.** Meine Schwester heißt Lisa.
e. Ich heiße Kathrin.   **f.** Mein Bruder heißt Niko.   **g.** Ich bin drei Jahre alt.   **h.** Meine Schwester heißt Miriam.

2. Write out the number in German

nine = neun	ten= zehn	twelve = zwölf	fifteen = fünfzehn
fourteen = vierzehn	eight= acht	thirteen = dreizehn	eleven = elf

3. Spot and correct the spelling mistakes
a. Ich heiße Mark.   **b.** Ich bin dreizehn Jahre alt.   **c.** Mein Bruder is fünf Jahre alt.
d. Meine Schwester heißt Birte.   **e.** Ich heiße Patrick.   **f.** Mein Bruder heißt Matthias.

4. Complete with a suitable word
a. Meine Schwester heißt Laura.   **b.** Mein Bruder ist fünfzehn Jahre alt.   **c.** Ich heiße Timo.
d. Ich habe einen Bruder.   **e.** Ich habe eine Schwester.   **f.** Sie heißt Andrea.
g. Mein Bruder ist neunzehn Jahre alt.

5. Guided writing – write 4 short paragraphs in the first person singular ['I'] each describing the people below
Yildiz: Ich heiße Yildiz und ich bin vierzehn Jahre alt. Ich wohne in Berlin. Das ist die Hauptstadt von Deutschland. Mein Bruder heißt Ahmed. Er ist neun Jahre alt. Meine Schwester heißt Ellen und sie ist acht Jahre alt.

Simon: Ich heiße Simon und ich bin fünfzehn Jahre alt. Ich wohne in Zürich. Das ist in der Schweiz. Ich habe einen Bruder. Er heißt Alex und er ist dreizehn. Ich habe auch eine Schwester. Sie heißt Valentina und sie ist zehn Jahre alt.

Michael: Hallo, ich heiße Michael. Ich bin elf Jahre alt und ich wohne in Innsbruck, in Österreich. Mein Bruder heißt Thomas und er ist sieben Jahre alt. Meine Schwester heißt Gerda. Sie ist zwölf!

Eva: Hi Leute. Ich heiße Eva. Ich bin zehn Jahre alt und ich wohne in Bozen. Das ist in Südtirol. Ich habe einen Bruder. Er heißt Antonio und er ist sechs Jahre alt. Außerdem habe ich eine kleine Schwester. Sie heißt Chiara und sie ist ein Jahr alt.

Describe this person in the third person:
Er heißt Lars. Er ist zwölf Jahre alt und er wohnt in Hamburg. Das ist in Deutschland. Lars hat einen Bruder. Er heißt Tim und er ist zehn Jahre alt. Lars hat auch eine Schwester. Sie heißt Sarah und sie ist vierzehn Jahre alt.

UNIT 2

1. Complete with the missing word
a. Ich heiße Mia.   **b.** Meine Freundin heißt Anna.   **c.** Mein Freund heißt Paul.   **d.** mein Geburtstag ist
e. am fünften Juni   **f.** am achtzehnten März   **g.** am neunten Juli   **h.** sein/ihr Geburtstag ist am

2. Match up:
(April/April)   (Juli/July)   (Dezember/December)   (Mai/May)   (Januar/January)   (Februar/February)
(mein Geburtstag/my birthday)   (mein Freund/my friend (m))   (meine Freundin/my friend (f))
(ich heiße/my name is)   (er/sie heißt/he/she is called)

3. Translate into English
a. 12th October   **b.** 8th February   **c.** 19th June   **d.** 25th March   **e.** 11th August   **f.** 17th December   **g.** 30th May   **h.** 14th April

4. Add the missing letter
a. Geburtstag   **b.** März   **c.** Mai   **d.** Februar   **e.** April   **f.** Juni   **g.** Januar   **h.** August   **i.** Juli   **j.** November
k. Dezember   **l.** September

5. Broken words
a. a**m** d**reißigsten** **S**eptember   **b.** a**m** **f**ü**nften** **J**uli   **c.** a**m** n**eunten** **August**
d. a**m** d**ritten** **J**anuar   **e.** a**m** **zwanzigsten** **O**ktober   **f.** a**m** n**eunzehnten** Dezember
g. a**m** s**echzehnten** **A**pril   **h.** a**m** v**ierundzwanzigsten** **M**ai   **i.** a**m** z**wölften** **M**ä**rz**

6. Complete with a suitable word
a. Ich **heiße** Hansi.   **b.** Mein **Geburtstag** ist am zweiten Mai.
c. Ich bin neun **Jahre** alt.   **d.** Meine **Freundin** heißt Laura.
e. Laura **ist** zehn Jahre alt.   **f.** Ihr **Geburtstag** ist am dritten Juni.
g. Mein **Geburtstag** ist am ersten Juli.   **h.** Mein **Freund** heißt Max.
i. **Sein** Geburtstag ist am vierten März.   **j.** Sein Geburtstag ist **am** ersten April.
k. **Ich** heiße Gerd Müller.

Unit 2. Saying when my birthday is: READING (Page 10)

1. Find the German for the following items in Ben's text:
a. ich heiße   **b.** ich bin zwölf Jahre alt   **c.** ich komme aus Hamburg   **d.** mein Geburtstag ist
e. am zwölften   **f.** sein Geburtstag ist   **g.** in meiner Freizeit   **h.** meine Tante
i. heißt   **j.** sie ist dreißig   **k.** am einundzwanzigsten   **l.** sie hat einen großen Bruder
m. am siebten Januar

2. Answer the following questions about Lena's text
a. 7   **b.** Leipzig   **c.** 5th November   **d.** two brothers   **e.** Maik   **f.** 13   **g.** 5th January

3. Complete with the missing words
Ich heiße Max. Ich **bin** elf **Jahre** alt und ich **komme** aus Köln. Ich **bin** dreizehn Jahre **alt** und mein **Geburtstag** ist am achtundzwanzigsten Mai. Mein Bruder **ist** zehn **Jahre** alt und sein Geburtstag ist **am** dritten April.

4. Find Someone Who:
a. Lena   **b.** Julian   **c.** Lena's brother Jens   **d.** Ben   **e.** Lena   **f.** Anton   **g.** Julian   **h.** Anton   **i.** Ben

Unit 2. Saying when my birthday is: TRANSLATION (Page 11)

1. Bad translation: spot and correct (in English) any translation mistakes you find below
a. **My** birthday is on the **26th** of May.   **b.** **My** name is Laura and **I come** from **Switzerland**.
c. I am **24** years old.   **d.** **My friend is called** Stefan and **he comes** from Cologne.
e. I am **35** years old.   **f.** **Her** birthday is on the **4th** of April.
g. My **friend** Ute comes from **Austria**.

2. From German to English
a. my birtherday is   **b.** on the 5th of May   **c.** my friend (f) is called   **d.** her birthday is   **e.** on the 1st of July
f. on the 14th of February   **g.** on the 25th of December   **h.** his burthday is   **i.** on the 11th of March

3. Phrase-level translation
a. ich heiße   **b.** ich bin elf Jahre alt   **c.** mein Geburtstag ist
d. am siebten März   **e.** meine Freundin heißt Maria   **f.** sie ist zwölf Jahre alt
g. ihr Geburtstag ist am   **h.** am dreiundzwanzigsten Juni   **i.** am neunzehnten Mai

4. Sentence-level translation
a. Ich heiße Julia. Ich bin zwanzig Jahre alt. Ich wohne in Deutschland. Mein Geburtstag ist am fünften Juli.
b. Mein Bruder heißt Peter. Er ist siebzehn Jahre alt. Sein Geburtstag ist am ersten April.
c. Mein Freund heißt Luis. Er ist einundzwanzig Jahre alt und sein Geburtstag ist am zwölften Dezember.
d. Mein Bruderin heißt Angela. Sie ist neunzehn Jahre alt und ihr Geburtstag ist am zweiundzwanzigsten Juni.
e. Mein Freund heißt Xaver. Er ist achtzehn Jahre alt. Sein Geburtstag ist am dritten Januar.

1. Complete with the missing letters
a. Ich heißе Luis.
b. Ich komme aus Frankfurt.
c. Mein Geburtstag ist am zweiten Mai.
d. Er ist dreizehn Jahre alt.
e. Meine Freundin heißt Johanna.
f. Johanna kommt aus Frankfurt.
g. Mein Freund Nico kommt aus Köln.
h. Nico ist elf Jahre alt.

2. Spot and correct the spelling mistakes
a. Mein Geburtstag ist am vierten Januar.
b. Ich heiße Luis.
c. Ich komme aus Frankfurt.
d. Meine Freundin heißt Johanna.
e. Johanna ist fünfzehn Jahre alt.
f. Ich bin vierzehn Jahre alt.
g. Ich habe am ersten März Geburtstag.
h. Ich bin zwanzig Jahre alt.

3. Answer the questions in German
a. Ich heiße (Name)
b. Ich bin (number) Jahre alt.
c. Mein Geburtstag ist am (ordinal number/month)
d. Er/Sie ist (number) Jahre alt.
e. Sein/Ihr Geburtstag ist am (ordinal number/month)

4. Write out the dates below in words as shown in the example
a. am fünfzehnten Mai
b. am elften Juli
c. am zwanzigsten April
d. am siebten Februar
e. am vierundzwanzigsten Dezember
f. am ersten Juni
g. am vierten Januar
h. am vierzehnten März

5. Guided writing – write 4 short paragraphs in the 1st person singular ['I'] describing the people below
Jana: Ich heiße Jana und ich wohne in Wien. Ich bin fünfzehn Jahre alt und mein Geburtstag ist am einundzwanzigsten Juli. Ich habe einen Bruder. Er heißt Lukas und sein Geburtstag ist am dritten Februar.

Maik: Hallo, ich heiße Maik und ich wohne in München. Ich bin elf Jahre alt und mein Geburtstag ist am fünfundzwanzigsten Dezember. Mein Bruder heißt Philipp und er hat am zwanzigsten August Geburtstag.

Clara: Hi Leute. Ich heiße Clara und ich wohne in Kiel. Ich bin zwölf Jahre alt und ich habe am zweiten November Geburtstag. Ich habe einen Bruder. Er heißt Martin und sein Geburtstag ist am vierten Juni.

Samuel: Hallo, ich heiße Samuel. Ich bin siebzehn Jahre alt und ich wohne in Bern. Das ist die Haupstadt der Schweiz. Ich habe am ersten Januar Geburtstag. Mein Bruder heißt Leo. Er hat am dreizehnten Oktober Geburtstag.

Describe this person in the 3rd person:
Er heißt Toni. Er ist zwölf Jahre alt und er wohnt in Salzburg. Sein Geburtstag ist am vierzehnten Februar. Er hat einen Bruder. Er heißt Roman und er ist fünfzehn Jahre alt. Roman hat am sechsten Dezember Geburtstag.

UNIT 3

Unit 3. Describing hair and eyes: VOCABULARY BUILDING (Page 15)

1. Complete with the missing word
a. Ich habe braune Haare.
b. Ich habe blonde Haare.
c. Ich trage einen Bart.
d. Ich habe blaue Augen.
e. Ich trage keine Brille.
f. Ich habe mittellange Haare.
g. Ich habe dunkelbraune Augen.
h. Ich habe rote Haare.

2. Match up
(ich habe/I have)
(schwarze Haare/black hair)
(blonde Haare/blonde hair)
(keine Haare/no hair)
(keine Brille/no glasses)
(einen Bart/a beard)
(blaue Augen/blue eyes)
(grüne Augen/green eyes)
(kurze Haare/short hair)
(ich trage/I wear)
(rote Haare/red hair)

3. Translate into English
a. curly hair **b.** blue eyes **c.** I wear glasses **d.** I wear a beard **e.** green eyes **f.** red hair **g.** dark brown eyes **h.** no hair

4. Add the missing letter
a. la**n**ge b. Bri**ll**e c. **H**aare d. B**a**rt e. bla**ue** f. gr**ü**ne g. loc**k**ige h. g**l**atte i. br**a**une j. m**i**ttellange k. Augen l. ich tr**a**ge

5. Broken words
a. I**ch** h**abe** l**ockige** H**aare**.
b. I**ch** t**rage** e**ine** B**rille**.
c. I**ch** h**abe** k**urze** H**aare**.
d. I**ch** h**abe** k**einen** B**art**.
e. I**ch** h**abe** b**raune** A**ugen**.
f. E**r** h**at** e**inen** B**art**.
g. I**ch** b**in** a**cht** J**ahre** a**lt**.
h. I**ch** h**eiße** L**ena**.
i. I**ch** t**rage** k**eine** B**rille**.

6. Complete with a suitable word
a. Ich bin zehn **Jahre** alt.
b. Ich **habe** einen Bart.
c. Ich **heiße** Sascha.
d. Ich trage eine **Brille**.
e. Ich habe lange rote **Haare**.
f. Ich habe keine**n** **Bart**.
g. Ich **habe** braune Augen.
h. Ich habe **(adjective)** Haare.
i. Ich trage keine **Brille**.
j. Ich trage **Kontaktlinsen/Ohrringe**.
k. Ich habe **Kontaktlinsen/Ohrringe**.
j. Ich **bin** elf Jahre alt.

Unit 3. Describing hair and eyes: READING (Page 16)

1. Find the German for the following items in Lisa's text
a. Ich heiße
b. ich wohne in
c. ich trage eine Brille
d. mein Geburtstag ist
e. am neunten
f. ich habe
g. lange Haare
h. blaue Augen
i. sie ist

2. Answer the following questions about Manuel's text
a. 15 b. in Liechtenstein c. red d. curly e. short f. blue g. 14th December

3. Complete with the missing words
Ich heiße Nils. Ich **bin** zehn Jahre alt und ich **wohne** in Bern. Das ist die **Hauptstadt** der Schweiz. Ich habe kurze, glatte blonde **Haare** und grüne **Augen**. Ich trage eine **Brille**. Mein **Geburtstag** ist am achten April.

4. Find Someone Who: answer the questions below about all 5 texts
a. Aline b. Aline c. Aline d. 4 people wear glasses e. Manuel f. Aline g. Paul h. Timo

Unit 3. Describing hair and eyes: TRANSLATION (Page 17)

1. Bad translation: spot and correct (in the English) any translation mistakes you find below
a. I have **black** hair.
b. He has **green** eyes.
c. I have a beard.
d. **She is** called Maria.
e. **He has short** hair.
f. I have **brown** eyes.
g. **I live in** Munich.

2. From German to English
a. I have brown hair.
b. I have green eyes.
c. He has short hair.
d. She wears glasses.
e. He has freckles.
f. I wear glasses.
g. But I don't have a beard.
h. I have long blonde hair.
i. She wears earrings.

3. Phrase-level translation
a. blonde Haare
b. ich heiße
c. ich habe
d. blaue Augen
e. glatte Haare
f. er hat
g. zehn Jahre alt
h. Ich habe grüne Augen
i. lange lockige Haare
j. sie hat braune Augen
k. schwarze Haare

4. Sentence-level translation
a. Ich heiße Ben. Ich bin neun Jahre alt. Ich habe lange, braune Haare und blaue Augen.
b. Ich bin zwölf Jahre alt. Ich habe grüne Augen und kurze, glatte blonde Haare.
c. Ich heiße Lena. Ich wohne in München. Ich habe lange, blonde Haare und braune Augen.
d. Ich heiße Johannes. Ich wohne in Hamburg. Ich habe kurze, wellige schwarze Haare.
e. Ich bin dreizehn Jahre alt. Ich habe mittellange rote Haare und blaue Augen.
f. Ich bin fünfzehn Jahre alt. Ich habe lange, lockige schwarze Haare und braune Augen.

Unit 3. Describing hair and eyes: WRITING (Page 18)

1. Split sentences
(Ich habe kurze blonde Haare.) (Ich trage eine Brille.) (Ich habe blaue Augen.) (Ich bin zehn Jahre alt.)
(Ich wohne in Köln.) (Ich heiße Jonas.) (Mein Geburtstag ist am ersten Mai.)

2. Rewrite the sentences in the correct order
a. Ich habe schwarze Haare.   **b.** Ich habe keinen Bart.   **c.** Ich heiße Max.
d. Ich habe rote Haare.   **e.** Meine Schwester hat blonde Haare.

3. Spot and correct the grammar and spelling errors
a. Ich habe **schwarze** Haare.   **b.** Mein Bruder **heißt** Max.   **c.** Er **hat** braune Haare.
d. **Sie** heißt Maria.   **e.** Ich **bin vierzehn** Jahre alt.   **f.** Ich habe glatte **Haare**.
g. Ich habe **grüne** Augen.   **h.** Ich **trage** keine Brille.   **i.** Er **trägt** eine Brille.
j. Ich habe **keinen** Bart.

4. Anagrams: a. Haare   **b.** Bart   **c.** Augen   **d.** Jahre   **e.** schwarz   **f.** lange   **g.** rote   **h.** Brille

5. Guided writing – write 3 short paragraphs in the first person singular ['I'] describing the people below
Alex: Ich heiße Alex. Ich bin zwölf Jahre alt. Ich wohne in Berlin. Das ist die Hauptstadt von Deutschland. Ich habe lange, lockige braune Haare und grüne Augen. Ich trage eine Brille. Ich habe keinen Bart.
Tina: Ich heiße Tina. Ich bin elf Jahre alt. Ich wohne in Wien, in Österreich. Ich habe kurze, glatte rote Haare. Ich habe blaue Augen. Ich trage keine Brille und ich habe keinen Bart.
Chris: Ich heiße Chris und ich bin fünfzehn Jahre alt. Ich wohne in Bern. Das ist die Hauptstadt der Schweiz. Ich habe mittellange, wellige braune Haare und braune Augen. Ich trage eine Brille und ich habe einen Bart

6. Describe this person in the third person:
Er heißt Martin. Er ist fünfzehn Jahre alt. Er hat kurze, wellige braune Haare und blaue Augen. Er trägt keine Brille, aber er hat einen Bart.

UNIT 4

Unit 4. Saying where I live and am from: VOCABULARY BUILDING (Page 21)

1. Complete with the missing word
a. Ich komme **aus** Berlin.   **b.** Ich wohne in einem **schönen** Haus.
c. Ich mag meine **Wohnung**.   **d.** Ich **wohne** in einer kleinen Wohnung.
e. Ich wohne in einem alten **Haus**,….   **f.** …im **Süden** von Österreich.
g. Ich wohne in einem **hässlichen** Haus.   **h.** Ich wohne am **Stadtrand**.

2. Match up
(im Stadtzentrum/ in the center)   (Wohnung/flat)   (groß/big)   (Gebäude/building)   (alt/old)
(am Stadtrand/in the suburbs)   (an der Küste/on the coast)   (ich komme aus/I come from)   (hässlich/ugly)
(klein/small)   (ich wohne in/I live in)

3. Translate into English
a. I come from Switzerland.   **b.** I live in a house.   **c.** My flat is small.   **d.** in a small flat   **e.** in an old building
f. I come from Munich.   **g.** I live in the town centre.   **h.** That's in the north of Germany.

4. Add the missing letter(s)
a. Ham_burg   **b.** Vad_uz   **c.** In_nsbruck   **d.** Luzern   **e.** Zürich
f. Wi_en   **g.** Ber_lin   **h.** M_ünchen   **i.** Öster_reich   **j.** Leip_zig

5. Broken words
a. Ich wohne im Norden von Deutschland.   **b.** Ich wohne in einem alten Haus.
c. Das ist die Hauptstadt der Schweiz.   **d.** Ich wohne in einer Wohnung am Stadtrand.
e. Ich wohne in einer kleinen, aber schönen Wohnung.   **f.** Das ist im Westen von Deutschland.
g. Ich komme aus Zürich.

6. Complete with a suitable word
a. Ich komme **aus** Frankfurt.   **b.** Ich **wohne** in einer schönen Wohnung.
c. Ich wohne in **einem** alten Haus.   **d.** Ich wohne im **Zentrum/Süden** von Köln.
e. Das ist im **Westen/Norden** von Deutschland. **f.** Ich wohne in einer kleinen **Wohnung**.
g. Ich komme aus **Berlin/Deutschland).**   **h.** Ich wohne auf dem **Land**.
i. Linz ist im Nordosten von **Österreich**.   **j.** Zürich ist im Norden der **Schweiz**.
k. Ich wohne in einem Haus am **Stadtrand**.

Unit 4. Geography test (Page 22)

Germany: Berlin (3)   Hamburg (5)   München (2)   Köln (6)   Frankfurt (1)   Stuttgart (7)   Leipzig (4)
Switzerland: Zürich (1)   Basel (3)   Bern (2)   Luzern (4)
Austria: Wien (2)   Graz (4)   Linz (5)   Salzburg (3)   Innsbruck (1)

Unit 4. Saying where I live and am from: READING (Page 23)

1. Find the German for the following in Kathi's text
a. ich heiße   **b.** ich bin zweiundzwanzig Jahre alt   **c.** ich wohne   **d.** in einer großen Wohnung   **e.** am Stadtrand
f. am dritten Juni   **g.** Ich habe einen Hund   **h.** Er ist sehr groß   **i.** er ist drei Jahre alt   **j.** ich habe auch eine Spinne
k. klein, aber gefährlich

2. Complete the statements below based on Christian's text
a. I am **21** years old.   **b.** My birthday is on the **8th** of **August**.   **c.** I live in a **pretty** house
d. My house is in the **centre** of town.   **e.** I don't like Lars, but Michael is really **nice**.
f. My friend Max **lives** in Graz.   **g.** He lives in an old **building.**

3. Answer the questions on the four texts above
a. 15   **b.** they are twins   **c.** Marina   **d.** Christian   **e.** Stefanie   **f.** Christian   **g.** Kathi
h. she can make one party for both of them   **i.** Kathi

4. Correct any of the statements below [about Stefanie's text] which are incorrect
a. Stefanie wohnt in Hamburg, **im Norden** von Deutschland.   **b.** In ihrer Familie gibt es **vier** Personen.
c. Ihr Geburtstag ist im Mai.   **d.** Amelies Geburtstag ist am **dreißigsten** März.
e. Stefanie wohnt in einem großen **und schönen** Haus am Stadtrand.   **f.** Sie **mag das Haus sehr**.

Unit 4. Saying where I live and am from: TRANSLATION/WRITING (Page 24)

1. Translate into English
a. I live   **b.** in a house   **c.** in a small flat   **d.** I come from   **e.** big   **f.** in an old building   **g.** old
h. my friend Max lives   **i.** in the town centre   **j.** in the suburbs   **k.** on the coast   **l.** he comes from
m. in Cologne   **n.** in the north of

2. Gapped sentences
a. Ich wohne in einer großen **Wohnung** …   **b.** … in einem neuen **Gebäude**.   **c.** Ich wohne in einem kleinen **Haus**…
d. … im **Norden** von München.   **e.** Ich **komme aus** Berlin, das ist die Hauptstadt von Deutschland.

3. Complete the sentences with a suitable word
a. Ich wohne in **Wien**, das ist die Hauptstadt von Österreich.   **b.** Ich komme aus München, im **Süden** von Deutschland.
c. Ich wohne in einem schönen **Haus** an der **Küste**   **d.** Mein Freund wohnt in einer **kleinen/schönen** Wohnung.
e. Er kommt aus **Zürich**, das ist im **Norden** der Schweiz.
f. Ich wohne in einem modernen **Haus/Gebäude** im Stadtzentrum.

4. Phrase-level translation [En to Ger]
a. ich wohne   **b.** ich komme aus   **c.** in einem Haus   **d.** in einer schönen Wohnung   **e.** in einem hässlichen Haus
f. in einem alten Haus   **g.** in einem modernen Gebäude   **h.** im Stadtzentrum   **i.** am Stadtrand   **j.** an der Küste
k. in der Schweiz

5. Sentence-level translation [En to Ger]

a. Ich komme aus Köln. Das ist im Westen von Deutschland. Ich wohne in einem schönen und großen Haus am Stadtrand.   **b.** Ich komme aus Bern. Das ist die Hauptstadt der Schweiz. Ich wohne in einer kleinen und hässlichen Wohnung im Stadtzentrum.   **c.** Ich komme aus Innsbruck. Das ist im Westen von Österreich. Ich wohne in einer Wohnung in einem neuen Gebäude im Stadtzentrum. Meine Wohnung ist groß, aber hässlich.

d. Ich komme aus München. Das ist im Süden von Deutschland. Ich wohne in einem großen und modernen Haus am Stadtrand. Ich mag es sehr.

Unit 4. Saying where I live and am from: WRITING (Page 25)

1. Complete with the missing letters

a. Ich hei**ße** Manuel.

b. Ich woh**ne** in eine**r** klein**en** Wohnu**ng**.

c. I**ch** wo**hne** i**n** ein**em** groß**en** Ha**us**.

d. I**ch** kom**me** au**s** Deutschl**and**.

e. Da**s** is**t** i**m** Nordost**en** vo**n** Österre**ich**.

f. E**r** komm**t** au**s** Züri**ch** i**n** d**er** Schw**eiz**.

g. I**ch** wo**hne** i**n** ein**em** alt**en** Gebä**ude**.

h. D**as** ist d**ie** Haupt**stadt** d**er** Sc**hweiz**.

2. Spot and correct the spelling mistakes

a. Ich komme aus **Köln**.   **b.** Ich wohne in einer **kleinen** Wohnung.   **c.** Ich wohne in einem **hässlichen** Haus.

d. Ich wohne in einem **modernen** Gebäude.   **e.** Ich wohne am **Stadtrand**.   **f.** Ich wohne im Norden von **Deutschland**.

g. Ich komme aus der **Schweiz**.   **h.** Sie kommt aus **München**.

3. Answer the questions in German

a. Ich heiße (your name)   **b.** Ich bin (number) Jahre alt.   **c.** Mein Geburtstag ist am (ordinal number, month).

d. Ich komme aus (city/country)   **e.** Ich wohne in (city)   **f.** Ich wohne in (einem Haus/einer Wohnung).

4. Anagrams (cities in German-speaking countries)

a. Köln   **b.** München   **c.** Graz   **d.** Luzern   **e.** Hamburg   **f.** Bern   **g.** Wien   **h.** Stuttgart   **i.** Innsbruck   **j.** Zürich

5. Guided writing – write 5 short paragraphs in the 1st person singular ['I'] describing the people below

Tina: Ich heiße Tina. Ich bin vierzehn Jahre alt. Mein Geburtstag ist am achtzehnten Juni. Ich wohne in Bern, in der Schweiz.

Jonas: Ich heiße Jonas. Ich bin elf Jahre alt. Mein Geburtstag ist am zwanzigsten Oktober. Ich wohne in Stuttgart, das ist im Süden von Deutschland.

Paul: Ich heiße Paul. Ich bin fünfzehn Jahre alt. Ich habe am siebten Februar Geburtstag. Ich wohne in Innsbruck, in Österreich.

Luzi: Ich heiße Luzi. Ich bin zwölf Jahre alt. Mein Geburtstag ist am fünfzehnten Januar. Ich wohne in Leipzig, in Deutschland.

Stefanie: Ich heiße Stefanie. Ich bin dreizehn Jahre alt. Mein Geburtstag ist am dreißigsten November. Ich wohne in Wien. Das ist die Hauptstadt von Österreich.

6. Describe this person in the third person:

Er heißt Florian. Er ist sechzehn Jahre alt. Sein Geburtstag ist am vierten November. Er kommt aus Hamburg, aber er wohnt in Luzern in der Schweiz.

Unit 4a. Talking about the weather: VOCABULARY BUILDING (Page 27)

1. Match up

(bedeckt/ overcast)   (warm/warm)   (furchtbar/terrible)   (die Sonne/the sun)   (stürmisch/stormy)

(kalt/cold)   (heiter/clear skies)   (es ist/it is)   (neblig/foggy)   (windig/windy)   (Gewitter/thunderstorm)

2. Complete with the missing word

a. Im Sommer ist es oft sehr **heiß** in Berlin,…   **b.** I…aber es ist meistens **kalt** im Winter.

c. Im Norden von Deutschland ist es oft **windig**.   **d.** Im Sommer gibt es manchmal ein starkes **Gewitter**.

e. Ich liebe es, wenn das Wetter **schön** ist.

3. Translate into English
a. In the north, it is nice.   **b.** In the east, it is windy.   **c.** In the southwest, it rains.   **d.** In the west, the sun shines.
e. In Berlin, it is clear skies and warm.   **f.** In Basel, it is overcast, but warm.   **g.** In Vienna, it is very hot.
h. Where I live, it often snows.

4. Add the missing letter
a. sch**ö**n   **b.** k**a**lt   **c.** im N**o**rden   **d.** im S**ü**den   **e.** he**i**ter   **f.** wo ich wo**h**ne   **g.** st**ü**rmisch   **h.** im S**o**mmer
i. im Früh**ling   j. im Her**b**st**

5. Broken words
a. I**m** S**ommer** i**st** es n**ormalerweise** w**arm**.   **b.** M**anchmal** s**cheint** di**e** S**onne**.   **c.** I**m** H**erbst** i**st** e**s** o**ft** b**e**wölkt.
d. W**o** i**ch** w**ohne**, s**chneit** es n**ie**.   **e.** D**as** W**etter** i**st** o**ft** sehr s**chön**.   **f.** Heute i**st** d**as** W**etter** o**kay**.
g. W**ie** i**st** d**as** W**etter** n**ormalerweise** i**n** Zürich?

6. Complete with a suitable word
a. Es ist oft **heiß** in Berlin.   **b.** Im Sommer ist es normalerweise **warm**.
c. Das Wetter ist **oft** schön.   **d.** Es ist oft **windig** im Herbst.
e. Im Winter **schneit** es oft.   **f.** Wo ich wohne, gibt es nie **Schnee**.
g. Ich liebe es, wenn es **schön** ist.   **h.** Wo ich wohne, schneit es **nie**.
i. In Innsbruck ist es warm im **Sommer**.   **j.** Ich finde es super, wenn es **schneit**.

Unit 4a. Talking about the weather: READING (Page 28)

1. Find the German for the following in Eduardo's text
a. ich komme aus   **b.** die Hauptstadt   **c.** ich wohne   **d.** im Stadtzentrum   **e.** ich finde   **f.** das Wetter hier
g. es ist oft   **h.** und im Winter   **i.** zu kalt   **j.** manchmal   **k.** zu heiß   **l.** dann fahre ich in den Norden

2. Complete the statements below based on Dylan's text
a. I am **15** years old.   **b.** I live in a **nice** house in the **capital** of Malaysia.   **c.** I find the weather here **super**.
d. It is always **warm** und there is often **rain**.   **e.** Then, I sit on the **balcony**.   **f.** Sometimes, there is a **thunderstorm**.
g. I love the lightning and the **thunder**,   **h.** that is the **best**.

3. Eduardo, Dylan, Annika or Mo?
a. Mo   **b.** Mo   **c.** Dylan   **d.** Annika   **e.** Annika   **f.** Eduardo   **g.** Mo   **h.** Mo   **i.** Eduardo

4. Correct any of the statements below [about Robert's text] which are incorrect
a. Robert wohnt in einer **Wohnung**.   **b.** Robert liebt das Wetter, wo er wohnt.
c. Er sitzt in einem Café, wenn es **warm** ist.   **d.** Im Winter schneit es **oft**.   **e.** Robert hat eine große Schwester..
f. Sie ist auf einer Expedition in der **Antarktis**.   **g.** Da ist es sehr **kalt**.

Unit 4a. Talking about the weather: TRANSLATION & WRITING (Page 29)

1. Translate into English
a. It is always cold.   **b.** It is often warm.   **c.** In the summer, it is hot.   **d.** In winter, it snows.
e. It often rains in Berlin.   **f.** I live …   **g.** … in a pretty house.   **h.** in an old flat
i. It is too cold.   **j.** I love it …   **k.** … when it rains.

2. Bad translation: sport and correct any translation mistakes (in the English) you find below
a. Where I live, it often **rains**.   **b.** The weather is normally very **good**.   **c.** In the summer, the weather is **often** nice.
d. I live in a modern **flat** in the suburbs.   **e.** I love it when is **snows**.   **f.** It is always hot and it never rains.
g. Sometimes, the sun shines.   **h.** In January, it is often **cloudy**.

3. Spot and correct the grammar and spelling errors
a. Das Wetter ist immer schön in Berlin.   **b.** Im Sommer **ist es** oft warm in Wien.   **c.** Es **schneit oft** im Winter.
d. Ich **liebe** es, wenn es heiß ist.   **e.** Ich finde das **Wetter** nicht schön im Winter.
f. Ich **wohne** in einer modernen Wohnung.   **g.** Hier ist es manchmal **zu** kalt.

4. Complete with the missing letters
a. Im Sommer ist es manchmal zu heiß.   **b.** Im Frühling gibt es oft Gewitter.
c. Ich wohne in einem Haus am Stadtrand.   **d.** Hier ist es immer bedeckt und kalt.
e. Ich liebe es, wenn das Wetter schön ist.   **f.** Wo ich wohne, regnet es jeden Tag.
g. In der Schweiz schneit es oft im Winter.

5. Guided writing – write 3 short paragraphs in the 1st person singular ['I'] describing the people below
Anna: Ich heiße Anna. Ich bin dreizehn Jahre alt. Ich wohne in Hamburg in einer modernen Wohnung. Im Sommer ist das Wetter oft bedeckt und im Winter ist es kalt und es regnet oft.
Andrea: Ich heiße Andrea. Ich bin vierzehn Jahre alt. Ich wohne in Buenos Aires in einem großen Haus. Im Sommer ist das Wetter sonnig und heiß, im Winter ist es zu kalt.
Olaf: Ich heiße Olaf und ich bin zwölf Jahre alt. Ich wohne in Reykjavik in einem alten Haus. Im Sommer ist das Wetter schön, aber nicht so warm. Im Winter schneit es oft.

6. Describe this person in the 3rd person
Sie heißt Akari und sie ist sechzehn Jahre alt. Sie wohnt in einer schönen Wohnung in Tokio. Im Sommer ist das Wetter oft warm und sonnig. Im Winter schneit es selten und es ist nicht zu kalt.

UNIT 5

Unit 5. Talking about my family + Counting to 100: VOCAB BUILDING (Page 32)

1. Complete with the missing word
a. In meiner **Familie** gibt es …   **b.** Es gibt **fünf** Personen, …   **c.** meinen **Opa** Peter
d. **Mein** Opa ist achtzig Jahre alt.   **e.** Es gibt auch meine **Mutter**.   **f.** Sie ist **vierzig** Jahre alt.
g. Ich verstehe mich **gut**   **h.** mit meinem **Bruder**.

2. Match up
(sechzehn/16)   (zwölf/12)   (einundzwanzig/21)   (zehn/10)   (dreiunddreißig/33)   (dreizehn/13)
(achtundvierzig/48)   (zweiundfünfzig/52)   (fünf/5)   (fünfzehn/15)   (neunundsiebzig/79)

3. Translate into English
a. I get on well (with)   **b.** there is my granny Lisa   **c.** there is my uncle too   **d.** I also have a sister
e. in my family there are   **f.** I don't get on well   **g.** with my father   **h.** my father is forty years old

4. Add the missing letter
a. Familie   **b.** es gibt   **c.** Personen   **d.** auch   **e.** Bruder   **f.** groß   **g.** Mutter   **h.** Cousine
i. ich verstehe mich gut   **j.** außerdem gibt es   **k.** dreißig   **l.** zehn

5. Broken words
a. Es gibt sechs Personen in meiner Familie.   **b.** Meine Schwester ist dreizehn Jahre alt.
c. in meiner Familie gibt es   **d.** mein Onkel heißt
e. Mein Vater ist neununddreißig Jahre alt.   **f.** Ich verstehe mich nicht gut mit meinem Bruder.
g. Ich verstehe mich gut mit meiner Schwester.

6. Complete with a suitable word
a. In meiner Familie **gibt** es…   **b.** Es **gibt** sechs Personen.
c. Ich habe auch einen **Bruder**.   **d.** Er ist **(number)** Jahre alt.
e. Meine **Mutter/Tante** Luise ist vierzig Jahre alt.   **f.** Ich verstehe mich **gut** mit meinem Vater.
g. Es gibt auch meinen **Bruder/Cousin** Max.   **h.** Ich **verstehe** mich gut mit meiner Oma.
i. Ich verstehe **mich** nicht gut mit meiner Tante.   **j.** Ich habe keine **Schwester**, leider!

Unit 5. Talking about my family + Counting to 100: VOCABULARY (Page 33)

1. Match up
(es gibt/there are)   (in meiner Familie/in my family)   (mit meinem Bruder/with my brother)
(sieben/seven)   (ich verstehe mich gut/ I get on well)   (Personen/people)

2. Complete with the missing word
a. Es **gibt** fünf Personen.   **b.** Mein **Vater**, Nico, ist fünfzig Jahre alt.   **c.** Ich **verstehe** mich gut mit ihm.
d. Ich verstehe mich **nicht** gut ...   **e.** Mein Onkel Ben ist **einundvierzig** Jahre alt.   **f.** Er ist **siebzehn** Jahre alt.
g. Sie ist sechsunddreißig Jahre alt.   **h.** Meine **Oma** Liese ist achtzig Jahre alt.

3. Translate into English
a. He is ten years old.   **b.** She is twenty-five.   **c.** My mother is thirty-eight years old.
d. I get on well with my grandad.   **e.** I get on well with my aunt.   **f.** My little sister is three years old.
g. There are six people in my family.   **h.** I don't get on so well with my parents.

4. Complete with the missing letters
a. Ich habe einen gro**ß**en Bruder.   **b.** In meiner Fa**mi**lie **g**ibt e**s** drei Personen.
c. Meine C**ou**sine ist s**ie**bzehn Jahre alt.   **d.** Ich ver**st**ehe mich **g**ut mit meiner Oma.
e. Meine T**an**te ist vierzig J**ah**re a**lt**.   **f.** Ich verstehe m**ich** gu**t** mit mein**em** Vater.
g. Meine S**chw**ester ist f**ü**n**fz**ehn Ja**h**re a**lt**.

5. Translate into German
a. in meiner Familie gibt es   **b.** vier Personen   **c.** es gibt meinen Vater
d. er ist vierzig Jahre alt   **e.** ich verstehe mich gut   **f.** mit ihm

6. Spot and correct the errors
a. In **meiner** Familie gibt es vier Personen.   **b.** Es gibt **meinen** Vater.   **c. Mein** Bruder ist vierzehn Jahre alt.
d. Ich verstehe mich gut mit **meinem** Bruder.   **e. Meine** Cousine ist sieben Jahre alt.
f. Ich verstehe mich nicht gut mit **meiner** Schwester.

Unit 5. Talking about my family + Counting to 100: TRANSLATION (Page 34)

1. Match up:
(dreißig/30) (fünfzig/50) (vierzig/40) (sechzig/60) (achtzig/80) (neunzig/90) (einhundert/100) (zwanzig/20) (siebzig/70)

2. Write out with the missing number
a. Ich bin einund**zwanzig** Jahre alt.   **b.** Mein Vater ist sechsund**vierzig** Jahre alt.
c. Meine Mutter ist neunund**dreißig** Jahre alt.   **d.** Mein Opa ist einhundertund**acht** Jahre alt.
e. Mein Onkel ist **fünf**undfünfzig Jahre alt.   **f.** Sie sind **neunzig** Jahre alt.
g. Meine Cousins sind **vier**undzwanzig Jahre alt.   **h.** Ist er **siebzig** Jahre alt?

3. Write out in German
a. dreiundsechzig   **b.** neunundachtzig   **c.** einhundert   **d.** vierundsiebzig
e. siebzehn **f.** sechsunddreißig   **g.** zweiundfünfzig   **h.** fünfundzwanzig   **i.** achtundneunzig

4. Correct the translation errors
a. Mein Vater ist **vierzig** Jahre alt.   **b.** Meine Mutter ist **zwei**undfünfzig Jahre alt.
c. Wir sind **zweiundvierzig** Jahre alt.   **d.** Ich bin **einundvierzig** Jahre alt.   **e.** Sie sind **vierunddreißig** Jahre alt.

5. Translate into German (please write out the numbers in letter)
a. In meiner Familie gibt es fünf Personen.
b. Meine Mutter heißt Julia und sie ist einundvierzig Jahre alt.
c. Mein Vater heißt Hannes und er ist neununddreißig Jahre alt.
d. Es gibt auch meinen großen Bruder Max, er ist vierzehn Jahre alt.
e. Mein kleiner Bruder heißt Jens und er ist zehn Jahre alt.
f. Ich heiße Annemarie und ich bin siebenundzwanzig Jahre alt.
g. Mein Opa heißt Alexander und er ist siebenundsiebzig Jahre alt.

Unit 5. Talking about my family + Counting to 100: WRITING (Page 35)

1. Spot and correct the spelling mistakes
a. v**ie**rzehn **b.** sech**z**ehn **c.** **einund**zwanzig **d.** achtun**dd**reißig **e.** sie**bz**ehn **f.** f**ü**nfzehn **g.** **neun**undfünfzig **h.** si**e**ben

2. Complete with the missing letters
a. Mein V**a**ter is**t** f**ü**nfzig Ja**h**re a**l**t. **b.** Mein**e** Sch**w**ester is**t** vi**e**rzehn **J**ahre al**t**.
c. M**ei**ne E**l**tern sin**d** achtund**d**reißig Jahre a**lt**. **d.** M**ei**n kl**ei**ner Br**u**der is**t** n**eu**n Jahre al**t**.
e. M**ein** **O**pa **i**st s**ie**benunda**ch**tzig Ja**h**re al**t**. **f.** Me**in**e kl**ei**ne Sc**hw**es**ter** is**t** v**ie**r Jahre a**lt**.

3. Rearrange the sentence below in the correct word order
a. In meiner Familie gibt es vier Personen.
b. Ich verstehe mich nicht gut mit meinem Bruder.
c. Mein Vater heißt Michael und er ist fünfundfünfzig Jahre alt.
d. In meiner Familie gibt es drei Personen: meine Mutter, meinen Vater und mich.
e. Mein Cousin heißt Benjamin und er ist siebenunddreißig Jahre alt.
f. Mein Opa heißt Ferdinand und ich verstehe mich gut mit ihm.

4. Complete
a. in meiner Familie gibt es   **b.** es gibt vier Personen   **c.** meine Schwester heißt   **d.** es gibt auch meine Oma..
e. ..und meinen Opa   **f.** er ist sechsundsechzig   **g.** ich bin zweiunddreißig   **h.** sie ist einundvierzig

5. Write a sentence for each person as shown in the example for Paul
Jens: *Mein bester Freund heißt Jens und er ist dreizehn Jahre alt. Ich verstehe mich sehr gut mit ihm.*
Martin: Mein Vater heißt Martin und er ist siebenundvierzig Jahre alt. Ich verstehe mich gut mit ihm.
Laura: Meine Mutter heißt Laura und sie ist fünfundvierzig Jahre alt. Ich verstehe mich gar nicht gut mit ihr.
Daniela: Meine Tante heißt Daniela und ist sechzig Jahre alt. Ich verstehe mich sehr gut mit ihr.
Andreas: Mein Onkel heißt Andreas und er ist siebenundsechzig Jahre alt. Ich verstehe mich nicht gut mit ihm.
Bernhard: Mein Opa heißt Bernhard und ist fünfundsiebzig Jahre alt. Ich verstehe mich sehr gut mit ihm.

Revision Quickie 1: Numbers 1-100, dates, birthdays ... (Page 36)

1. Match up
(11/elf)   (12/zwölf)   (13/dreizehn)   (14/vierzehn)   (15/fünfzehn)   (16/sechszehn)   (17/siebzehn)
(18/achtzehn)   (19/neunzehn)   (20/zwanzig)

2. Translate the dates into English
a. 04/03 **b.** 01/04 **c.** 24/12 **d.** 31/07 **e.** 09/11 **f.** 08/05 **g.** 03/10 **h.** 17/06

3. Complete with the missing words
a. Mein Geburtstag **ist** am fünfzehnten Mai. **b.** Ich bin vierzehn **Jahre** alt.
c. Mein Bruder hat blonde **Haare**. **d.** Woher **kommst** du ?
e. In meiner Familie **gibt** es drei Personen. **f.** **Meine** Mutter hat blaue **Augen**.
g. Ich komme **aus** Berlin. **h.** **Mein** Bruder **heißt** Sascha.

4. Write out the solution in words as shown in the example
a. zehn **b.** zwanzig **c.** siebzig **d.** sechzig **e.** dreißig **f.** fünfzig **g.** neunzig **h.** siebzig **i.** vierzig

5. Complete the words
a. mein O**pa** **b.** meine Cou**sine** **c.** die Au**gen** **d.** gr**ün** **e.** der B**art** **f.** die Bri**lle** **g.** meine Schw**ester** **h.** ic**h** ha**be**

6. Translate into English
a. My mother has brown hair. **b.** I have green eyes. **c.** I am fourty-one. **d.** My grandad is ninety.
e. My uncle wears glasses. **f.** My brother has freckles. **g.** My brother has long black hair.
h. My sister has grey-blue eyes.

Unit 6. Another family member: VOCABULARY BUILDING (Page 38-39)

1. Match
(ich bin hübsch/I am pretty)   (ich bin stur/I am stubborn)   (ich bin lustig/I am funny)   (ich bin gemein/I am mean)
(ich bin faul/I am lazy)   (ich bin stark/I am strong)   (ich bin frech/I am cheeky)   (ich bin schlank/I am slim)
(ich bin groß/I am tall)

2. Complete
a. Mein kleiner Bruder ist ein bisschen n**ervig**.　　**b.** Mein Vater ist sehr f**reundlich**.
c. Mein große Schwester ist ziemlich s**tur**.　　**d.** Meine Oma ist immer l**ustig**.
e. Mein Freund Mo ist sehr s**tark**.

3. Categories – sort the adjectives below in the categories provided
das Aussehen: d. muskulös **e.** schön **i.** pummelig **l.** hässlich **m.** stark **n.** hübsch
die Persönlichkeit: a. lustig **b.** stur **c.** nett **f.** schlau **g.** geduldig **h.** gemein **j.** langweilig **k.** nervig

4. Complete the words
a. Ich bin langwei**lig**.　　**b.** Ich bin sch**ön**.　　**c.** Ich bin musk**ulös**.　　**d.** Ich bin st**ur**.　　**e.** Ich bin n**ett**.
f. Ich bin flei**ßig**.　　**g.** Ich bin kl**ein**.　　**h.** Ich bin schl**au**.

5. Translate into English
a. My big sister is always kind.　　**b.** My big brother is a little chubby.　　**c.** My father is always nice to me.
d. but my mother is often annoying.　　**e.** I am really pretty, …　　**f.** … but a little stubborn.
g. Furthermore, I am very creative.　　**h.** My friend Karl is super strong.

6. Spot and correct the translation mistakes
a. **I am** very strong.　　**b.** He is quite **slim**.　　**c.** I am not **so** ugly.　　**d.** My mother is **very** tall.
e. My brother is **usually** annoying.　　**f.** My sister is really **stubborn**.　　**g.** My father is **sometimes** mean.

7. Complete
a. Mei**n** Br**ud**er is**t** oft fr**ech**.　　**b.** Me**ine** Sc**hwester** i**st** ne**tt**.　　**c.** M**ein** Va**ter** i**st** ni**cht** stur, …
d. … ab**er** e**r** i**st** im**mer** fa**ul**.　　**e.** M**eine** Mu**tter** i**st** se**hr** lu**stig** …　　**f.** … un**d** s**ie** i**st** ga**r** ni**cht** geizig.

8. English to German translation
a. Ich bin ziemlich stark.　　**b.** Ich bin auch total hübsch.
c. Mein kleiner Bruder ist ein bisschen nervig …　　**d.** … Aber er ist sehr schlau.
e. Meine große Schwester ist sehr nett.　　**f.** Sie ist auch immer fleißig.
g. Mein Vater ist ein bisschen faul.　　**h.** Außerdem ist er ziemlich stur.

Grammar Time 1: SEIN - To be (Part 1) – Drills 1 (Page 41)

1. Match up
(wir sind/we are) (sie sind/they are) (ich bin/I am) (du bist/you are) (ihr seid/you guys are) (er ist/he is)

2. Complete with the missing forms of 'sein'
a. Ich **bin** sehr geschwätzig.　　**b.** Meine Mutter **ist** superlustig.　　**c.** Meine Schwestern **sind** total frech.
d. Mein Bruder **ist** sehr geduldig.　　**e.** Meine Eltern **sind** gar nicht streng.　　**f.** Wie **bist** du?
g. Wie **sind** deine Haare?　　**h.** Ihr **seid** total stark!

3. Translate into English
a. My father is super-nice.　　**b.** My mother is always relaxed.　　**c.** My cousin (f) is shy.
d. My aunt is very tall.　　**e.** My best friend (m) is very nice.　　**f.** My grandad is always in a good mood.
g. My granny is quite cheeky.　　**h.** You guys are always mean to me!

4. Complete with the missing letters
a. Wir s**ind** sehr fleißig.
b. Meine Mutter **ist** superstreng.
c. Meine Eltern s**ind** ein bisschen stur.
d. Meine Geschwister s**ind** total gemein zu mir.
e. Meine Schwester **ist** pummelig.
f. Ihr s**eid** sehr freundlich!
g. Du b**ist** ein bisschen schüchtern.
h. Mein Opa und meine Oma s**ind** immer großzügig.
i. Wie b**ist** du?
j. Herr Direktor, Sie s**ind** sehr gemein!

5. Translate into German
a. du **bist**   b. er **ist**   c. ihr **seid**   d. sie **sind**   e. wir **sind**   f. sie **ist**

6. Spot and correct the errors
a. Meine Mutter **ist** sehr nett.   b. Meine Eltern **sind** total streng.   c. Meine Schwester **ist** ziemlich intelligent.
d. Mein Bruder und ich **sind** sehr groß.   e. Wie **bist** du?

Grammar Time 1: SEIN - To be (Part 1) – Drills 2 (Page 42)

7. Complete with the missing letters
a. W**i**r s**ind** sehr groß.   b. D**u** b**i**st ziemlich klein.   c. Meine Mutter **i**st ein bisschen pummelig.
d. Meine Lehrer si**nd** sehr gut.   e. **D**u **b**ist sehr hübsch.   f. I**ch b**in nicht schüchtern.
g. Mein Bruder und ich si**nd** sehr fleißig.

8. Complete with the missing forms of the verb SEIN
a. Meine Mutter **ist**   b. Meine Eltern **sind**   c. Ich **bin**   d. Sie (they) **sind**
e. Meine Mutter und ich **sind**   f. Mein Bruder **ist**   g. Ihr **seid**   h. Du **bist**
i. Frau Direktorin, Sie **sind**

9. Complete with the missing forms of SEIN
a. Ich **bin** achtzehn Jahre alt.   b. Meine Mutter ist sehr groß und schön.
c. Meine Eltern **sind** sehr streng.   d. Mein Bruder **ist** ziemlich nervig.
e. Ich **bin** ein bisschen pummelig.   f. Sie (they) **sind** klein.
g. Meine Schwester und ich **sind** muskulös.   h. Mein Freund Marco **ist** Italiener.

10. Translate into German
a. Meine Mutter ist sehr groß.   b. Mein Vater ist ziemlich klein.
c. Mein kleiner Bruder ist ein bisschen schüchtern.   d. Meine kleine Schwester ist nicht sehr freundlich.
e. Mein Großvater ist total streng.   f. Mein Großmutter ist supergeduldig.
g. Meine Mutter ist gar nicht faul.   h. Meine Tante ist meistens sehr nett.

11. Translate into German
a. Meine Mutter und meine Schwester sind sehr groß.   b. Meine Schwestern sind immer nett zu mir.
c. Ich bin sehr freundlich.   d. Du bist immer geschwätzig und sehr faul.
e. Mein Bruder und ich sind gar nicht groß.   f. Meine Mutter und meine Schwester sind ziemlich hübsch.
g. Meine Freundin und ihre Schwester sind sehr klein.   h. Ihr seid total gemein!

Grammar Time 2: HABEN – To have (Part 1) (Page 43-44)

1. Translate into English
a. We have long black hair.   b. He has short blonde hair.   c. You guys have wavy brown hair.
d. You have short red hair.   e. They/You (formal) have curly sandy hair.   f. I have long white hair.
g. She has mid-length, wavy blonde hair.

2. Spot and correct the mistakes (note: not all sentences are wrong)
a. Meine Mutter hat kurze schwarze Haare.   b. Meine Schwestern **haben** lange blonde Haare.
c. Ich **habe** kurze braune Haare.   d. Sie (=*she*) **hat** mittellange rote Haare.
e. Wir **haben** **kurze** Haare.   f. Meine Mutter und ich **haben** glatte braune Haare.

3. Complete with the missing part of the verb

a. Ich ha**be** blonde Haare.
b. Meine Mutter ha**t** blaue Augen.
c. Meine Schwestern ha**ben** rote Haare.
d. Mein Vater ha**t** graue Haare.
e. Wir ha**ben** schwarze Haare.
f. Mein Opa ha**t** weiße Haare.
g. Maria und ich ha**ben** blonde Haare.
h. Mein Cousin ha**t** braune Haare.
i. Ha**bt** ihr lange Haare?
j. Mein Bruder und ich ha**ben** lockige Haare.
k. Mein Freund Jonas ha**t** grüne Augen.
l. Meine Geschwister ha**ben** kurze Haare.
m. Ich ha**be** mittellange blonde Haare.
n. Ha**st** du auch blonde Haare?

4. Complete with the missing forms of HABEN

a. Du und deine Mutter, ihr **habt** blonde Haare.
b. Meine Eltern **haben** braune Augen.
c. Meine Schwester und ich **haben** rote Haare.
d. Meine Großeltern **haben** schwarze Haare.
e. Du **hast** einen Bart.
f. Herr Direktor, Sie **haben** graue Haare.
g. Mein Bruder **hat** kurze glatte Haare.
h. Mein Cousin **hat** rotblonde Haare.
i. Meine zwei Schwestern **haben** glatte Haare.
j. Meine Freundin und ich **haben** blaue Augen.

5. Translate into German

a. Wir haben lange Haare.
b. Du hast blonde Haare.
c. Ihr habt dunkelbraune Haare.
d. Sie hat grüne Augen.
e. Mein Vater hat lange lockige Haare.
f. Meine Schwester hat kurze glatte Haare.
g. Mein Opa hat graue Haare.
h. Mein Onkel hat keine Haare.
i. Meine Oma und ich haben blonde Haare.
j. Mein Onkel Tim hat grüne Augen.

6. Guided writing – Write a text in the first person singular (I) including the details below:

Ich bin elf Jahre alt. Ich habe einen Bruder und eine Schwester. Meine Schwester ist vierzehn Jahre alt. Sie hat mittellange, wellige blonde Haare und blaue Augen. Sie ist groß, hübsch und immer freundlich. Ich habe auch einen Bruder. Er ist acht Jahre alt und er hat kurze, lockige schwarze Haare und braune Augen. Meine Eltern sind klein, sie haben dunkelblonde Haare und braune Augen.

7. Write an 80 to 100 words text in which you describe four people you know very well relative of friends.
Male: Er heißt **(name)**. Er ist **(age)** Jahre alt. Er hat **(length, type, colour)** Haare und **(colour)** Augen. Er trägt eine/**k**eine Brille. Er ist **(physical adjective)** und **(personality adjective)**.
Female: Sie heißt **(name)**. Sie ist **(age)** Jahre alt. Sie hat **(length, type, colour)** Haare und **(colour)** Augen. Sie trägt eine/**k**eine Brille. Sie ist **(physical adjective)** und **(personality adjective)**.

UNIT 6 (2)

Unit 6. Part 2 - Describing my family: VOCABULARY BUILDING (Page 46)

1. Complete with the missing word

a. In meiner Familie g**ibt** es …
b. Es gibt **vier** Personen.
c. meine **Mutter**, die Leonie heißt
d. Mein Onkel **ist** sehr groß.
e. Meine **Tante** ist total nett.
f. Meine Cousine Olivia ist **lustig**.
g. Ich mag meinen kleinen **Bruder**.

2. Match up

(Meine Tante/My aunt)
(Mein Opa/My grandad)
(Meine Mutter/My mum)
(Mein Vater/My dad)
(Mein großer Bruder/My big bro)
(Mein Cousin/My cousin [m])
(Mein kleiner Bruder/My little bro)
(Mein Onkel/My uncle)
(Meine Schwester/My sister)
(Meine Cousine/My cousin [f])

3. Translate into English

a. I like my uncle.
b. My cousin (f) is always in a good mood.
c. He has long brown hair.
d. I don't get on well with …
e. I don't like my aunt.
f. I get on well with …
g. He is never nice.

4. Add the missing letter					
a. st<u>u</u>r	**c.** <u>n</u>ett	**e.** gei<u>z</u>ig	**g.** flei<u>ß</u>ig	**i.** f<u>a</u>ul	**k.** fr<u>e</u>undlich
b. gro<u>ß</u>	**d.** s<u>c</u>hlank	**f.** st<u>a</u>rk	**h.** hü<u>b</u>sch	**j.** ge<u>m</u>ein	**l.** zu<u>v</u>erlässig

5. Broken words

a. I<u>n</u> m<u>einer</u> Fam<u>ilie</u> g<u>ibt</u> e<u>s</u> …

b. v<u>ier</u> P<u>ersonen</u>

c. M<u>eine</u> M<u>utter</u> i<u>st</u> s<u>ehr</u> n<u>ett</u>.

d. I<u>ch</u> v<u>erstehe</u> m<u>ich</u> g<u>ut</u> m<u>it</u> …

e. M<u>ein</u> O<u>nkel</u> i<u>st</u> s<u>ehr</u> g<u>eizig</u>.

f. I<u>ch</u> v<u>erstehe</u> m<u>ich</u> n<u>icht</u> g<u>ut</u> m<u>it</u> m<u>einer</u> S<u>chwester</u>.

g. M<u>ein</u> B<u>ruder</u> h<u>at</u> k<u>urze</u> l<u>ockige</u> H<u>aare</u>.

h. M<u>ein</u> V<u>ater</u> i<u>st</u> z<u>iemlich</u> s<u>chlau</u>.

6. Complete with a suitable word

a. Es gibt **(number)** Personen.

b. Ich verstehe mich **gut/nicht gut** mit …

c. Meine Mutter ist **sehr/nicht/immer** nett.

d. Sie ist sehr **(personality/physical adjective)**.

e. Er hat **kurze/lange** Haare.

f. Ich **mag/liebe/hasse** meinen Vater.

g. Ich **verstehe** mich nicht gut mit …

h. Sie hat lange **braune/blonde** Haare.

i. Mein Opa hat **(colour)** Augen.

j. Mein Cousin ist **sehr/nicht/immer** lustig.

k. Meine **Mutter/Schwester/Freundin** ist sehr schlau.

l. Meine Oma ist **(number)** Jahre alt.

Unit 6. Part 2 - Describing my family: READING (Page 47)

1. Find the German for the following items in Fatima's text

a. ich heiße **b.** im Norden **c.** ich mag … sehr **d.** ziemlich **e.** aber **f.** jedoch **g.** stell dir vor! **h.** kurze braune Haare

2. Answer the following questions about Angelo's text

a. 10 **b.** Lucerne **c.** 8 **d.** his uncle **e.** he is really nice **f.** his aunt, she is always unfriendly and mean to him

3. Complete with the missing words

Hallo! Ich heiße Alex. Ich **bin** zehn Jahre alt und ich wohne **in** Berlin. In meiner **Familie** gibt es vier Personen. Ich **verstehe** mich gut mit meinem Opa, denn **er** ist immer nett und entspannt. Er hat kurze graue **Haare** und graublaue **Augen**. Aber ich verstehe mich nicht gut **mit** meiner Tante, denn sie **ist** total langweilig.

4. Find someone who? – answer the questions below about all 5 texts

a. Jonas **b.** Marc **c.** Angelo's aunt Susi **d.** Marco **e.** Fatima **f.** Charly

g. Fatima's grandad **h.** Charly's brother Alex **i.** Angelo's aunt Susi

Unit 6. Part 2 - Describing my family: TRANSLATION (Page 48)

1. Bad translation: spot and correct any translation mistakes (in the English) you find below

a. In my family there are **four** people.

b. There is my mother, Rita and my **brother** Ben.

c. I **don't** get on ~~very~~ well with my father.

d. My **uncle** is called Carl.

e. Carl is super-funny and always **nice** to me.

f. Carl has short, curly **black** hair.

2. From German to English

a. I like my granny.

b. My sister is always in a good mood.

c. My cousin is super-funny and relaxed.

d. I get on well with my aunt.

e. I like my cousing a lot …

f. … because he is always nice to me.

g. I get on super-well with my father, …

h. … but I don't like my uncle …

i. because he is always mean to me.

3. Phrase-level translation

a. Er ist sehr nett.

b. Sie ist immer großzügig.

c. Ich verstehe mich gut mit …

d. Ich verstehe mich nicht gut mit …

e. Mein Onkel ist superlustig.

f. Ich mag meinen kleinen Bruder.

g. Ich mag meine Cousine Mary nicht.

h. Sie hat kurze schwarze Haare.

i. Er hat blaue Augen.

j. Ich mag meinen Opa nicht.

k. Er ist sehr stur und immer gemein zu mir.

4. Sentence-level translation
a. Ich heiße Stefan. Ich bin neun Jahre alt. In meiner Familie habe ich vier Personen.
b. Ich heiße Carla. Ich habe blaue Augen. Ich verstehe mich gut mit meinem Bruder.
c. Ich verstehe mich nicht gut mit meinem Bruder, denn er ist nicht nett zu mir.
d. Ich heiße Frank. Ich wohne in Österreich. Ich mag meinen Onkel David nicht, weil er immer gemein zu mir ist.
e. Ich mag meine Cousine sehr, weil sie sehr lustig ist.
f. In meiner Familie gibt es fünf Personen. Ich verstehe mich gut mit meinem Vater, aber ich mag meine Mutter nicht.

Unit 6. Part 2 - Describing my family: WRITING (Page 49)

1. Split sentences
(Ich verstehe mich gut mit meiner Oma.)   (Sie ist immer gut gelaunt.)   (Meine Oma ist ziemlich klein.)
(Sie hat lockige weiße Haare.)   (Außerdem ist sie total kreativ.)   (und sie ist immer nett zu mir.)
(Ich mag meine Oma.)

2. Rewrite the sentences in the correct order (start each sentence with the underlined word)
a. Ich habe sechs Personen in meiner Familie.   **b.** Ich verstehe mich gut mit meinem Bruder.
c. Ich mag meinen Onkel nicht.   **d.** Meine Mutter hat blaue Augen.
e. Meine Oma ist immer nett zu mir.

3. Spot and correct the grammar and spelling errors
a. In meiner Familie **gibt es** …   **b.** Ich **verstehe** mich gut mit …   **c.** Ich mag meine Tante **nicht**.
d. Mein Bruder ist immer **gemein**.   **e.** Ich **verstehe** mich nicht gut mit …   **f.** **Meine** Mutter ist großzügig.
g. Sie hat **blaue** Augen.   **h.** Meine Schwester **ist** sehr faul.   **i.** Er hat **rote** Haare.
j. Ich mag **meine** Oma sehr.

4. Anagrams
a. nett   **b.** fleißig   **c.** pummelig   **d.** faul   **e.** gemein   **f.** stur   **g.** lustig   **h.** schüchtern

5. Guided writing – write 3 short paragraphs describing the people below in the first person:
Luzi: Ich heiße Luzi. Ich bin dreizehn Jahre alt. In meiner Familie gibt es vier Personen. Ich mag meine Mutter, denn sie ist fleißig. Sie hat lange blonde Haare. Ich mag auch meinen großen Bruder, denn er ist sehr lustig und immer nett zu mir. Ich mag meine Cousine Laura nicht, denn sie ist sehr gemein und faul.
Leo: Hallo, ich heiße Leo. Ich bin zwölf Jahre alt. In meiner Familie gibt es fünf Personen. Ich mag meinen Vater, denn er ist sehr entspannt. Er hat kurze schwarze Haare. Ich mag auch meine Oma, denn sie ist superkreativ und oft gut gelaunt. Jedoch mag ich meinen Onkel Franz nicht, denn er ist immer stur und sehr hässlich.
Jonas: Hi Leute, ich heiße Jonas und ich bin fünfzehn Jahre alt. In meiner Familie gibt es drei Personen. Ich verstehe mich gut mit meinem Großvater, denn er ist sehr lustig. Er hat sehr kurze weiße Haare. Ich verstehe mich auch gut mit meiner kleinen Schwester, weil sie sehr nett und immer entspannt ist. Jedoch verstehe ich mich nicht gut mit meiner Cousine Kathrin. Sie ist sehr stark, aber supergeschwätzig und immer gemein zu mir.

6. Describe this person in the third person:
Er heißt Alex und er ist vierzehn Jahre alt. In seiner Familie gibt es vier Personen. Alex mag seine Tante Inge, weil sie immer entspannt und lustig ist. Sie hat blonde Haare. Jedoch mag er seinen Onkel Paul nicht, denn er ist nicht nett und nie gut gelaunt.

Unit 6a. Talking about skills. VOCABULARY BUILDING (Page 50-51)

1. Match German and English
(sehr gut/very well)   (klettern/to do rock-climbing)   (Wie schade!/What a shame!)
(tanzen/to dance)   (Wir können/We can)   (Mein Opa kann/My grandad can)

2. Complete with the missing form of KÖNNEN
a. Meine Schwester **kann** gut jonglieren.   **b.** Mein Bruder und ich **können** sehr gut schwimmen.
c. Ich **kann** nicht so gut singen.   **d.** Mein Onkel **kann** supergut rechnen.   **e.** **Kannst** du Salsa tanzen?
f. Nein, ich **kann** nicht tauchen.   **g.** Ihr **könnt** nicht jonglieren? Oje!

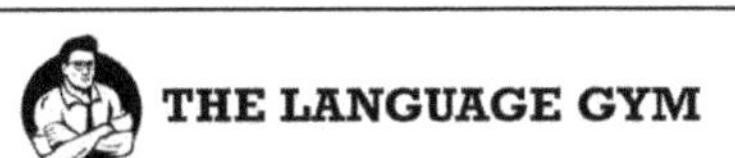

3. Complete with the missing word

a. Ich kann sehr gut **kochen**.

b. Meine Mutter kann ein **bisschen** Klavier spielen.

c. **Kannst** Du Spanisch sprechen?

d. Meine Cousins **können** gut Einrad fahren.

e. Ich kann nicht so gut **singen**. Wie schade!

f. Meine Oma kann Motorrad **fahren**, stell dir vor!

g. Mein kleiner **Bruder** kann Handstand machen.

h. Meine große Schwester kann **sehr** gut schwimmen.

4. Translate into English

a. I can cook.

b. You can sing.

c. He can dance.

d. She can swim.

e. I can do sums well. (=I'm good at maths.)

f. My friend can paint.

g. You guys can speak German.

h. We can work well in a team.

i. a bit

j. Imagine!

k. Oh dear!

l. Blimey!

5. Spot and correct any English translation mistakes

a. **can** cook ~~so well~~.

b. She can do sums very well.

c. My **uncle** can't sing.

d. I can play the **guitar** a bit.

e. They can paint ~~very~~ well.

f. We can do **rock-climbing** well.

g. I can't work in a team at all.

6. Anagrams (infinitives): write out the word and its English translation

a. kochen – to cook

b. tanzen - to dance

c. arbeiten – to work

d. malen – to paint

e. spielen – to play

f. fahren – to go/drive

7. Broken words

a. Ich kann sehr gut Deutsch sprechen.

b. Er kann nicht schwimmen.

c. Meine Oma kann Einrad fahren, stell dir vor!

d. Kannst du gut tanzen?

e. Mein großer Bruder kann jonglieren.

f. Meine Freundin Marie kann sehr gut kochen.

8. Complete with a suitable word

a. Mein **Bruder/Onkel/Freund** kann kochen.

b. Ich kann **gut/nicht gut** schwimmen.

c. Kannst du **(Activity)**?

d. Meine **Schwester/Tante/Freundin** kann Judo!

e. Mein Freund kann **gut/nicht gut** tanzen.

f. Wie **schade**!

g. **Wir/Sie** können Gitarre spielen.

h. Ich kann gar nicht **(Activity)**, …

i. … aber ich kann **(Activity)**.

Unit 6a. Talking about skills: READING (Page 52)

1. Find the German for the following items in Olli's text

a. ich komme aus

b. ich kann echt gut …

c. Lieblingsonkel

d. der supersportlich ist

e. stell dir vor

f. leider kann er nicht

g. Wie schade!

h. Aber vielleicht …

i. … kann er es noch lernen

2. Answer the following questions about Tom's text

a. North London

b. Can paint really well. Always paints turtles.

c. she is always relaxed and in a good mood

d. singing, dancing

e. she can juggle with six balls

f. he can't see his uncle and aunt often

3. Complete with the missing words

Hallo! Ich **heiße** Mia. Ich bin zehn Jahre alt und ich **wohne** in Basel. Mein Lieblings**onkel** heißt Alexander. Ich **mag** ihn sehr, denn **er** ist immer nett und gut gelaunt. Mein Onkel kann sehr gut Trompete **spielen** und er kann sehr gut Handstand **machen**, cool, ne? Und du, **hast** du einen Lieblingsonkel?

4. Find someone who: answer the questions below about all 5 texts

a. Olli   **b.** Jana   **c.** Tom's uncle   **d.** Lisa   **e.** Tom's aunt   **f.** Olli   **g.** Lisa's sister   **h.** Jana

Unit 6a. Talking about Skills: TRANSLATION/WRITING (Page 53)

1. Bad translation: spot and correct any translation mistakes (in the English) you find below

a. My uncle **can** cook ~~very well~~.

b. My aunt can dance and **sing** very well.

c. My brother and I can do Karate ~~very~~ well.

d. **I** can work in a team very well.

e. I like **him**, because he can sing well.

f. **They/You (formal)** can speak German and Spanish.

2. From German to English

a. My grandad can do a handstand.   **b.** I have a favourite uncle. He is called Max.
c. I like him. He can dance and sing!   **d.** I get on well with my uncle.   **e.** I have a favourite aunt.
f. I like her very much.   **g.** She can not only do yoga but also karate.

3. Rewrite the sentences in the correct order. Start each sentence with the underlined word.

a. Mein Onkel kann kochen und tanzen.   **b.** Meine Cousinen können sehr gut malen.
c. Ich mag meine Tante sehr.   **d.** Mein Bruder kann gut Deutsch sprechen.
e. Ich kann sehr gut tauchen, du und?   **f.** Meine Schwester kann Einrad fahren.   **g.** Das ist ja fantastisch!

4. Spot and correct the grammar and spelling errors

a. Mein Lieblingsonkel kann gut **kochen**.   **b.** **Meine** Tante kann nicht so gut tanzen.
c. Wir **können** gut singen.   **d.** Du kannst sehr gut **Fußball** spielen.
e. Ich mag **meinen** Onkel, er kann jonglieren!   **f.** Kannst du **jonglieren**?   **g.** Sie kann supergut **Deutsch** sprechen!

5. Linking words match up

(und/and)   (aber/but)   (leider/unfortunately)   (jedoch/however)   (außerdem/furthermore)
(weil/because)   (auch/also)   (denn/because)

6. Guided writing – write 3 short paragraphs describing the people below in the first person:
Johann: Ich heiße Johann und ich bin fünfzehn Jahre alt. Ich wohne in Hamburg im Norden von Deutschland. Mein Lieblingsonkel heißt Adam. Er kann gut Basketball spielen. Aber er kann nicht so gut Spanisch sprechen.
Leonie: Hallo, ich heiße Leonie! Ich bin dreizehn Jahre alt und ich wohne in Luzern, in der Schweiz. Ich habe eine Lieblingstante. Sie heißt Eva und sie kann gut Motorrad fahren. Jedoch kann sie nicht gut kochen.
Deniz: Guten Tag. Ich heiße Deniz und ich bin elf Jahre alt. Ich wohne in Linz. Das ist in Österreich. Mein Lieblingsbruder heißt Yasim. Er kann sehr gut malen und tanzen. Aber er kann nicht so gut Fußball spielen.

UNIT 7

Unit 7. Talking about pets: VOCABULARY BUILDING (Page 56)

1. Complete with the missing word
a. Zu Hause habe ich einen W**ellensittich**.   **b.** Ich habe auch eine S**childkröte**.
c. Ich habe keine K**atze**.   **d.** Ich hätte gern einen H**und**.
e. Zu H**ause** habe ich zwei H**ühner**.   **f.** L**eider** habe ich keine S**chlange**.
g. Ich h**abe** eine S**pinne** zu Hause.   **h.** Ich h**ätte** gern einen Hamster.

2. Match Ich habe…

(eine Katze/a cat)   (einen Hund/a dog)   (ein Pferd/a horse)   (eine Spinne/a spider)
(keine Haustiere/no pets)   (eine Ente/a duck)   (einen Hamster/a hamster)   (einen Papagei/a parrot)
(zwei Fische/two fish)   (ein Haustier/a pet)   (einen Frosch/a frog)

3. Translate into English
a. I have a dog.   **b.** My friend Luzi has a rat.   **c.** I have 5 fish.   **d.** I don't have pets.
e. I have 3 dogs.   **f.** I would like to have a turtle at home.   **g.** My brother has a snake.   **h.** My dog is 4 years old.

4. Add the missing letter
a. Ich ha**b**e   **b.** eine Schildkr**ö**te   **c.** einen Papa**g**ei   **d.** zwei **K**atzen   **e.** einen Hu**n**d   **f.** Er ha**t** einen Frosch.
g. ein Meersch**w**einchen   **h.** ein P**f**erd

5. Anagrams
a. Hund   **b.** Hamster   **c.** Pferd   **d.** Fisch   **e.** Papagei   **f.** Schlange   **g.** Spinne   **h.** Katze

6. Broken words

a. Zu Hause habe ich einen Hund. **b.** Mein Freund Alex hat einen Papagei.
c. Mein Bruder hat eine Schildkröte. **d.** Ich habe kein Kaninchen.
e. Ich habe eine Schlange. **f.** Meine Katze ist süß.
g. Ich habe zwei Haustiere.

7. Complete with a suitable word

a. Mein Fisch **heißt** Nepomuk. **b.** Mein **Freund/Bruder/Cousin** Jens hat einen Papagei.
c. Mein Bruder **hat** eine Maus. **d.** Mein Hund ist klein/lebhaft/… und sehr süß.
e. Zu Hause habe ich **keine/zwei/drei** Haustiere.
f. Zu **Hause** habe ich einen Hund und ein **Meerschweinchen/Huhn/…**
g. Ich habe **einen** Fisch zu Hause. **h.** Zu Hause habe ich **einen** Wellensittich.

Unit 7. Talking about pets: READING (Page 57)

1. Find the German for the following in Elena's text

a. zwei Haustiere **b.** der … heißt **c.** eine Katze **d.** einen Hund **e.** ziemlich nervig
f. wie mein Bruder **g.** meine Eltern **h.** ich heiße **i.** ich finde ihn

2. Find someone who? – answer the questions below about Elena, Robert, Sandra and Julian

a. Elena **b.** Robert **c.** Robert **d.** Julian **e.** Sandra **f.** Elena

3. Answer the following questions about Julian's text

a. in Vaduz **b.** very calm and always hard-working **c.** the guinea pig **d.** the turtle **e.** his brother **f.** the turtle
g. the guinea pig

4. Fill in the table below

Elena: 11/Berlin/dog very kind and cat very mean **Robert:** 13/Salzburg/parrot very chatty and spider very lively

Hallo Leute! Ich heiße Yildiz. Ich bin zwölf Jahre alt und ich wohne in Basel. In meiner Familie gibt es fünf Personen: meine Eltern, meine zwei Schwestern Fatima und Deniz, und mich. Ich finde Fatima super, denn sie ist sehr fleißig und freundlich. Aber Deniz ist total faul und oft gemein zu mir. Ich habe zwei Haustiere: eine Ratte, die Zorro heißt, und eine Katze, die Lila heißt. Zorro ist superlebhaft und lustig. Lila ist auch lebhaft, aber auch ein bisschen faul, genau wie meine Schwester Deniz!

Unit 7. Talking about pets: TRANSLATION (Page 58)

1. Bad translation: spot and correct any translation mistakes you find below

a. In my family there are **three** people and **four** pets.
b. At home we have two pets: a dog and a small **cat**.
c. My friend Max has a small **turtle** called Rudi. Rudi is super-**funny.**
d. My granny has a small **horse** called Babsi.
e. My grandad has a **budgie** called Mo.
f. I have two hens called Kalle and Klaus. They are really cute.

2. Translate into English

a. I have **b.** a big dog **c.** a small hamster **d.** a kind cat **e.** a small turtle
f. a cute rabbit **g.** Unfortunately, I have no dog. **h.** We have no pets at home.
i. I would like to have a small dog. **j.** I would like to have a small cat.
k. I have a small rabbit but I would like to have a small horse. I love horses!

3. Phrase-level translation [En to Ger]

a. Ich habe einen großen Hund **b.** und eine kleine Katze **c.** zu Hause **d.** und wir haben **e.** ein schönes Pferd
f. zwei neugierige Katzen **g.** ich habe **h.** ich habe kein/e/n **i.** ich hätte gern

4. Sentence-level translation [En to Ger]
a. Mein Bruder hat einen Hund, der Mücke heißt.   **b.** Meine Schwester hat eine Schildkröte, die Andy heißt.
c. Ich habe ein Pferd, das Gordito heißt.
d. Zu Hause habe wir drei Haustiere: eine Ente, ein Kanichen und einen Papagei.
e. Ich habe eine Ratte, die Stuart heißt.
f. Zu Hause haben wir drei Haustiere: eine Katze, einen Hund und einen Hamster.
g. Ich habe zwei Fische, die Nemo und Dory heißen.

Unit 7. Talking about pets: WRITING (Page 59)

1. Split sentences
(Ich habe einen Hund, der Konrad heißt.)   (Ich habe auch ein kleines Pferd.)   (Leider habe ich keine Katze.)
(Mein Onkel hat zwei Hunde.)   (Ich hätte gern einen kleinen Frosch.)   (Meine Oma hat zwei große Katzen.)
(Ich habe keine Haustiere zu Hause.)

2. Rewrite the sentences in the correct order
a. Zu Hause haben wir drei Haustiere.   **b.** Ich hätte gerne eine Ratte.   **c.** Ich habe eine Katze und ein Kaninchen.
d. Mein Freund Ben hat einen lustigen Papagei.   **e.** Ich habe ein Schwein, das Schnorchel heißt.
f. Wir haben fünf blaue Fische.   **g.** Meine Oma hat einen Hund, der Lupo heißt.

3. Spot and correct the grammar and spelling [note: in several cases a word is missing]
a. Zu Hause habe ich **einen** Hund.   **b.** Ich habe ein **Meerschweinchen**.   **c.** Ich **hätte** gern eine große Spinne.
d. Meine Schwester **hat** zwei große Katzen.   **e.** Mein Freund Pedro hat vier **Hühner**.   **f.** Ich habe ein Pferd, **das**
Schnurrbart heißt.   **g.** Zu Hause **habe ich** einen kleinen Frosch.   **h.** Zu Hause **haben** wir drei Haustiere.

4. Anagrams
a. Hund   **b.** Katze   **c.** Meerschweinchen   **d.** Fisch   **e.** Kaninchen   **f.** Pferd   **g.** Haustiere

5. Guided writing: write 3 short paragraphs (in 1st person) describing the pets below using the details in the box
Tom: Ich habe einen Hund. Er ist vier Jahre alt, weiß und sehr süß.
Leonie: Ich habe eine Ente. Sie ist sechs Jahre alt, blau und immer lustig.
Moritz: Ich habe ein Pferd, das ein Jahr alt ist. Es ist braun und superschön!

6. Describe this person in the third person:
Er heißt Malte. Er hat kurze schwarze Haare und braune Augen. Er ist klein und dick, aber sehr nett. Er hat einen Hund
und zwei Fische. Er hätte gern eine Spinne.

Grammar Time 3: HABEN (Part 2) (Pets and description) (Page 60)

1. Translate
a. ich habe   **b.** du hast   **c.** er/sie/es hat   **d.** wir haben   **e.** ihr habt   **f.** sie haben

2. Translate into English
a. I have a big rabbit.   **b.** My brother has an ugly cat.   **c.** My mother has a big dog.
d. My cousins have a fat guinea pig.   **e.** At home, we have a very big spider.   **f.** My friend Luzi has a super-fast horse.

3. Complete
a. Ich **habe** ein Meerschweinchen, …   **b.** es **hat** braune Augen.   **c.** Wir **haben** eine Schildkröte. Sie **hat** rote Augen.
d. Meine Schwester **hat** einen Hund.   **e.** Meine Onkel **haben** zwei Katzen.   **f.** Sie **haben** grüne Augen.
g. Mein Bruder und ich **haben** eine Schlange.   **h. Habt** ihr Haustiere?   **i.** Was für Haustiere **habt** ihr?

4. Translate into German
a. Ich habe ein Meerschweinchen. Es hat braune Augen.   **b.** Wir haben keine Haustiere zu Hause.
c. Mein Hund ist drei Jahre alt. Er hat lange Haare.   **d.** Ich habe drei Schwestern. Sie sind sehr gemein zu mir.
e. Meine Cousins haben eine Katze. Sie ist sehr süß.
f. Meine Tante hat lange, lockige blonde Haare. Sie ist sehr hübsch.
g. Mein Onkel und ich haben schwarze Haare und grüne Augen.

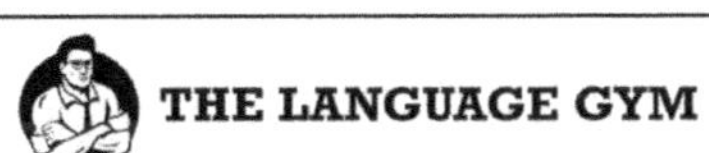

Grammar Time 4: A, THE, and MY in the nom. and acc. cases - Drills (Page 62)

1. Split sentences

(Ich habe einen Hund.)   (Das ist ein Hund.   (Mein Pferd ist superschnell!)

(Ich mag meine Katze.)   (Sie heißt Mizi.)   (Sie ist süß.)   (Ich finde sie fantastisch!)

2. Complete the gap with a suitable word

a. Ich habe eine **(feminine noun)**.   **b.** Ich finde meinen **(masculine noun)** nervig.   **c.** Das ist ein **(neuter noun)**.

d. Mein **(masculine noun)** ist sehr gefährlich.   **e.** Ich mag meinen **(masculine noun)**. Er ist so cool.

f. Aber ich mag meine **(feminine noun)** nicht.   **g.** Die **(feminine noun)** ist sehr interessant.

h. Ich finde den **(masculine noun)** nicht so cool.

3. Unterline the correct option

a. Ich habe **einen** Bruder.   **b.** Ich finde **meinen** Onkel cool.   **c.** Das ist **mein** Vater …   **d.** … Ich mag **ihn**!

e. **Meine** Mutter ist so cool, …   **f.** …ich finde **sie** sehr lustig.   **f.** Ich mag **meine** Eltern.   **g.** Das sind **meine** Brüder.

h. **Der** Hamster ist zehn Jahre alt.   **i.** Ich finde **mein** Pferd cool.   **j.** Hast du **eine** Schwester?   **l.** … Ja, **sie** ist total cool.

4. Add the ending to ‚ein', ‚mein' und ‚kein', if there is one

a. Ich habe leider kein**e** Katze.   **b.** Mein Onkel ist zweiundzwanzig Jahre alt.   **c.** Ich finde mein**en** Bruder cool.

d. Ich finde mein**e** Oma nett.   **e.** Mein**e** Schwester hat ein**e** Spinne.   **f.** Hast du ein Pferd oder ein**en** Hamster?

g. Mein Hamster und mein**e** Katze sind total süß.   **h.** Mein**e** Haustiere sind ein Hund und ein Fisch.

5. Translate into German

a. Ich habe einen Onkel.   **b.** Ich finde ihn cool.   **c.** Mein Onkel heißt Otto und er ist sehr nett.

d. Das ist mein Hund! Er ist groß.   **e.** Ich habe eine Katze. Sie heißt Mizi.   **f.** Ich finde meine Katze sehr süß.

g. Hast du ein Pferd?   **h.** Ich liebe es (mein Pferd).

Question Skills 1: Age/descriptions/pets (Page 63)

1. Match question and answer

(Wie alt bist du? Ich bin vierzehn Jahre alt)

(Warum magst du deine Mutter nicht? Ich mag sie nicht, weil sie zu streng ist.

(Wie sind deine Haare? Meine Haare sind mittellang, lockig und dunkelbraun.)

(Wie alt sind deine Oma und Opa? Sie ist zweiundsechzig und er ist einundsechzig Jahre alt.)

(Welche Farbe haben deine Augen? Meine Augen sind blau.)

(Was ist deine Lieblingsfarbe? Blau, definitiv!)

(Wie geht es dir? Es geht mir gut, danke!)

(Hast du ein Haustier? Nein, ich habe kein Haustier. Wie schade!)

(Was ist dein Lieblingstier? Ich habe zwei Lieblingstiere: Pferde und Katzen.)

(Wie viele Haustiere hast du? Drei, stell dir vor! Einen Hund, eine Katze und ein Huhn.)

(Wie ist dein Charakter? Ich bin hilfsbereit und sehr zuverlässig.)

(Wie siehst du aus? Ich bin klein, aber ziemlich muskulös.)

(Verstehst du dich gut mit deinem Vater? Nein. Er ist total stur und nie gut gelaunt. Ich mag ihn nicht.)

(Wann hast du Geburtstag? Am zwölften Mai.)

2. Complete with the missing words

a. **Woher** kommst du?   **b.** **Wie** alt ist dein Vater?   **c.** **Wie** ist Julia?   **d.** **Verstehst** du dich mit deiner Mutter?   **e.** **Wann** ist dein Geburtstag?   **g.** **Wie** ist dein Hund?   **h.** **Wie viele** Haustiere hast du?

3. Translate the following question words into English

a. which   **b.** when   **c.** where   **d.** how   **e.** where from   **f.** who   **g.** how many   **h.** what   **i.** why

4. Complete

a. Wi**e** al**t** bis**t** d**u**?   **b.** Wo**her** ko**mmst** d**u**?   **c.** Wie s**ind** dei**ne** Ha**are**?   **d.** Wa**nn** ist de**in** Ge**burtstag**?

e. Wi**e** vi**ele** Hau**stiere** hast du?   **f.** W**o** wo**hnst** d**u**?   **g.** Ve**rstehst** d**u** di**ch** g**ut** mit de**inem** V**ater**?

5. Translate into German
a. Wie heißt du?   **b.** Wie alt bist du?   **c.** Wie sind deine Haare?   **d.** Was ist dein Lieblingstier?
e. Verstehst du dich gut mit deinem Vater?   **f.** Warum magst du deine Mutter nicht?
g. Wie viele Haustiere hast du?   **h.** Woher kommst du?

UNIT 8

Unit 8. Saying what jobs people do: VOCABULARY BUILDING (Page 66)

1. Complete with the missing word
a. Mein Vater ist **Krankenpfleger**.   **b.** Meine Tante ist **Friseurin**.   **c.** Mein großer Bruder arbeitet als **Mechaniker**.
d. Meine Mutter ist **Ärztin**.   **e.** Meine große **Schwester** arbeitet als **Buchhalterin**.   **f.** Meine Tante ist **Ingenieurin**.
g. Mein **Onkel** ist **Anwalt**.

2. Match up
(langweilig/boring)   (vielfältig/varied)   (schwierig/ difficult)   (anstrengend/exchausting)   (spannend/exciting)
(stressig/ stressful)   (einfach/easy)   (bereichernd/rewarding)   (interessant/ interesting)

3. Translate into English
a. My mother is a lawyer.   **b.** She doesn't like her work.   **c.** He works in a garage.   **d.** My uncle is an accountant.
e. She finds her work exhausting.   **f.** My cousin is a hairdresser.   **g.** He loves his work …   **h.** … because it's exciting.

4. Add the missing letter
a. ein**f**ach   **b.** er li**e**bt   **c.** span**n**end   **d.** An**w**alt   **e.** stre**s**sig
f. er ar**b**eitet als   **g.** sie ist **Ä**rztin   **h.** mein On**k**el

5. Anagrams
a. Bauer **b.** Anwalt **c.** Lehrerin **d.** Schauspieler **e.** Ärztin **f.** Buchhalter **g.** Frisuer **h.** Hausfrau

6. Broken words
a. **M**ein **O**nkel **ist** **H**ausmann.   **b.** …, **d**enn **s**ie **ist** **v**ielfältig.   **c.** **M**ein **V**ater **ist** **A**rzt.
d. **E**r **a**rbeitet **in** **d**er **S**tadt.   **e.** **E**r **l**iebt **s**eine **A**rbeit …   **f.** …, **w**eil **s**ie **s**pannend **ist**.
h. **E**r **f**indet **s**ie **b**ereichernd.

7. Complete with a suitable word
a. Meine Mutter ist **(feminin job)**   **b.** Sie findet sie **(adjective).**   **c.** Mein Opa arbeitet als **(masc job)**
d. Er findet seine Arbeit **(adjective)**.   **e.** Er mag seine Arbeit **(nicht)**, **f.** denn sie ist sehr **(adjective)**.
g. Meine **(female person)** ist Ärztin.   **h.** Sie **(opinion)** ihre Arbeit,   **i.** … weil sie **(adjective)** ist.
j. Meine Cousine arbeitet in einem **(masculine or neuter place of work)**.

Unit 8. Saying what jobs people do: READING (Page 67)

1. Find the German for the following in Olaf's text
a. ich bin dreizehn Jahre alt   **b.** ich habe auch einen Hund   **c.** mein Vater arbeitet …   **d.** als Arzt
e. in der Stadt   **f.** er mag seine Arbeit   **g.** weil sie bereichernd ist   **h.** jedoch ist sie manchmal
i. er liebt seine Arbeit   **j.** superhart und schwierig

2. Answer the questions on ALL texts
a. Maike's cousin's horse   **b.** Nils   **c.** Fatima   **d.** Olaf   **e.** Fatima   **f.** Olaf

3. Answer the following questions about Fatima's text
a. in Cologne   **b.** her mother   **c.** architect, but doesn't work at the moment   **d.** he is very stubborn and unfriendly
e. he hates children   **f.** Fatim's turtle   **g.** slow, but very funy

4. Fill in

Ich h**eiße** Jessica. Ich bin vierzehn J**ahre** alt und ich w**ohne** in Bern. In meiner F**reizeit** gibt es fünf Personen. Mein Cousin Manu i**st** ziemlich nett und sehr fleißig. Er ist dreißig Jahre alt und er arbeitet als Ko**ch** in einem Re**staurant**. Er wohnt in Barcelona, stell dir vor! Er mag seine A**rbeit**, weil sie supervielfältig und **interessant** ist. Mein V**ater** arbeitet im Moment nicht. Zu H**ause** habe ich eine Schlange, die Lucky h**eißt**. Sie ist nicht gefährlich, zum Glück!

5. Fill in the table below

Age: Jessica - 14 / **Manu** - 30   **City:** Jessica - Berlin / **Manu** - Barcelona
Pets/Job: - snake / **Manu** - chef   **Description pets/job:** - not dangerous / **Manu** - super-varied

Unit 8. Saying what jobs people do: TRANSLATION (Page 68)

1. Bad translation: spot and correct [IN THE ENGLISH] any translation mistakes you find below
  a. My father works as an **actor**. He likes his job because it is very **varied**. He works in a **theatre**.
  b. My **aunt** works as a businesswoman in an **office**. She **loves her job** but it's very exhausting.
  c. My **friend** Maik works as a nurse. He **works** in a hospital and likes his job.
  d. My uncle Gianfranco is a **cook** in an Italian restroom and he **loves** his job.
  e. My mother Angela is an **accountant** and **she** works in an office. She **hates** her work because it is very boring.

2. Translate into English
  a. My uncle works as …   **b.** My aunt works as …   **c.** housewife   **d.** nurse   **e.** hairdresser   **f.** mechanic
  g. She loves her work.   **h.** She works in a garage.   **i.** He works in a theatre.   **j.** in a school
  k. The work is rewarding.   **l.** It's hard but varied.

3. Phrase-level translation [En to Ger]
  a. mein Bruder arbeitet   **b.** als Bauer   **c.** als Buchhalter   **d.** er mag
  e. seine Arbeit   **f.** weil sie spannend ist   **g.** und vielseitig   **h.** aber es ist schwierig/hart

4. Sentence-level translation [En to Ger]
  a. Mein Bruder ist Mechaniker.   **b.** Meine Schwester ist Geschäftstfrau.
  c. Mein Onkel ist Bauer und er liebt seine Arbeit.   **d.** Mein Bruder Peter arbeitet in einem Büro.
  e. Zu Hause habe ich eine Spinne, die Tim heißt.   **f.** Zu Hause habe ich einen großen Hund und eine kleine Katze.
  g. Meine Tante ist Krankenschwester. Sie mag ihre Arbeit, …   **h.** … weil sie bereichernd ist.
  i. Sie arbeitet in einem Krankenhaus.

Unit 8. Saying what jobs people do: WRITING (Page 69)

1. Split sentences

(Mein Bruder hat eine kleine Katze.)   (Meine Tante ist Lehrerin.)   (Mein Onkel arbeitet als Mechaniker.)
(Er mag seine Arbeit.)   (weil sie vielseitig ist.)   (Er arbeitet in einer Werkstatt.)
(Sie arbeitet in einer Schule.)

2. Rewrite the sentences in the correct order [note: start each sentence with the underlined word]
  a. Er mag seine Arbeit sehr.   **b.** Er arbeitet als Buchhalter in einem Büro.
  c. Sie findet ihre Arbeit super.   **d.** Mein Onkel ist Bauer.
  e. Mein Bruder arbeitet in einem Theater.   **f.** Mein hasst Opa seine Arbeit.
  g. Meine Freundin ist Ärztin in einem Krankenhaus.

3. Spot and correct the grammar and spelling [note: in several cases a word is missing]
  a. Meine Mutter ist **Hausfrau**.   **b.** ~~Sie~~ Ihre Arbeit **ist** sehr interessant.
  c. Meine Schwester arbeitet **als** Ärztin.   **d.** Sie hasst ihre Arbeit, weil sie langweilig **ist**.
  e. Sie arbeitet in **einem** Krankenhaus in **der** Stadt.   **f.** Er mag **seine** Arbeit, denn sie **ist** spannend.
  g. **Mein** Vater findet seine Arbeit bereichernd.   **h.** Er mag **seine** Arbeit, weil sie gut bezahlt ist.

4. Anagrams
  a. Arzt   **b.** bereichernd   **c.** langweilig   **d.** spannend   **e.** Bauernhof   **f.** Krankenhaus   **g.** Lehrerin

5. Guided writing – write 3 short paragraphs describing the people below using the details in the box
Anna: Meine Mutter heißt Anna. Sie arbeitet als Anwältin. Sie liebt ihre Arbeit, denn sie ist vielfältig und spannend.
Luciano: Mein Bruder heißt Luciano. Er ist Koch. Er hasst seine Arbeit, weil sie langweilig und anstrengend ist.
Marta: Meine Tante heißt Marta. Sie arbeitet als Ingeneurin. Sie mag ihre Arbeit - sie ist schwierig, aber gut bezahlt.

6. Describe this person in German in the 3rd person:
Hanna hat blonde Haare und grüne Augen und sie ist groß und hübsch. Sie ist fleißig und sie arbeitet als
Krankenschwester. Sie liebt ihre Arbeit, denn sie ist stressig, aber bereichernd.

Grammar Time 5: WOHNEN & ARBEITEN (Page 71)

1. Match up
(you live/du wohnst)　　　(I live/ich wohne)　　　(he lives/er wohnt)　　　(you guys live/ihr wohnt)
(they live/sie wohnen)　　　(she lives/sie wohnt)

2. Complete with the correct option
a. Mein Bruder und ich **wohnen** in München.　　　**b.** Er **wohnt** in einer kleinen Wohnung.
c. Du **wohnst** in einem kleinen Haus.　　　**d.** Meine Eltern **wohnen** an der Küste.
e. Meine Großeltern **wohnen** in Berlin.　　　**f.** Wo **wohnst** du?
g. Warum **wohnt** ihr nicht in Köln?　　　**h.** Ich **wohne** im Stadtzentrum.

3. Translate into English
a. I always work in the office.　　　**b.** My parents work in a school.　　　**c.** My brother and I do not work.
d. She works on a farm.　　　**e.** What do you work?　　　**f.** Do you guys work in a restaurant?

4. Cross out the wrong option (correct answers)
a. Mein Bruder arbeitet　　　**b.** Mein Cousin arbeitet　　　**c.** Meine Omas arbeiten　　　**d.** Meine Tante arbeitet
e. Meine Tanten arbeiten　　　**f.** Du und ich arbeiten　　　**g.** Wir arbeiten　　　**h.** Ihr arbeitet
i. Mein Opa arbeitet　　　**j.** Sie und er arbeiten

5. Complete the verbs
a. Meine Mutter und ich wohn**en** in Köln.　　　**b.** Sie arbei**tet** als Krankenschwester.
c. Mein Vater wohn**t** in Leipzig.　　　**d.** Er arbei**tet** als Mechaniker in der Stadt.
e. Ihr arbei**tet** nie!　　　**f.** Meine Großeltern wohn**en** in einer Wohnung.
g. Wohn**st** du in der Stadt oder auf dem Land?　　　**h.** Meine Freundin arbei**tet** im Krankenhaus.
i. Du arbei**test** nicht!

6. Complete with the correct form of WOHNEN or ARBEITEN
a. Meine Oma **wohnt** in einem Haus am Stadtrand.　　　**b.** Sie **arbeitet** nicht mehr.
c. Meine Tante und ihr Mann **wohnen** in Hannover.　　　**d.** Sie **arbeiten** als Ingenieure in einem Büro.
e. Meine große Schwester und ich **wohnen** in München.　　　**f.** Wir **arbeiten** zusammen in einem Restaurant.
g. Du **wohnst** in Berlin, richtig?　　　**h. Arbeitest** du in einem Büro oder in einer Fabrik?
i. Ich **arbeite** in einem Theater.

Other verbs like wohnen (Page 72)

7. Complete the sentences using the correct form of the verbs in the grey box on the left
a. Ich lieb**e** meine Großeltern.　　　**b.** Er komm**t** aus der Schweiz.　　　**c.** Wir hör**en** immer Popmusik.
d. Das mach**t** Sinn!　　　**e.** Was frühstück**st** du?　　　**f.** Meine Schwester üb**t** Gitarre.
g. Meine Freunde und ich tanz**en** Salsa.　　　**h.** Sie trink**en** keinen Kaffee.　　　**i.** Herr Schuldirektor, spiel**en** Sie Tennis?
j: Heute lern**en** ihr Deutsch!　　　**k.** Wir geh**en** ins Kino.

Unit 8a: Using FINDEN + ACCUSATIVE to express an opinion (Page 73)

1. Match up　　　(ich finde es/I find it)　　　(sehr gut/very good)　　　(schlecht/bad)
(wir finden es/we find it)　　　(furchtbar/terrible)　　　(du findest es/you find it)

2. Complete with the correct form of FINDEN

a. Ich **finde** meinen Job super. **b.** Er **findet** seinen Job sehr nervig.
c. Meine Schwester **findet** ihren Job prima. **d.** Wir **finden** unseren Job sehr gefährlich.
e. Wie **findest** du deinen Job? **f.** Wie **findet** ihr eure Arbeit?
g. Mein Bruder **findet** seine Arbeit klasse. **h.** Meine Tante **findet** ihre Arbeit okay.
i. Meine Eltern **finden** meine Arbeit super.

3. Choose the correct article or pronoun

a. Ich finde **den** Job cool. **g.** Ich finde **meine** Eltern nett.
b. Er findet **die** Arbeit toll. **h.** Sie findet **ihre** Spinne cool.
c. Ich finde **meinen** Onkel nett. **i.** Ich finde **sie** gefährlich!
d. Er findet **ihn** nicht nett. **j.** Ich finde **mein** Hund cool.
e. Er findet **seine** Arbeit prima. **k.** Wie findest du **mein** Auto?
f. Meine Oma findet **ihren** Job okay. **l.** Ich finde **ihn** total cool!

4. Spot the errors and rewrite (check verb + noun phrase, max 2 errors per sentence)

a. Ich **finde den** Job langweilig. **b.** Ich finde **meinen** Onkel cool.
c. Meine Mutter **findet ihre** Arbeit super. **d.** Wie **findest** du deinen Job?
e. Ich finde **meinen** Vater nett. **f.** Wie **findet** ihr **meinen** Hund?
g. Ich **finde deinen** Hund sehr lustig. **h.** Meine Schwester **findet ihre** Arbeit toll.

5. Translate into German

a. Ich finde meine Arbeit interessant. **b.** Ich finde meinen Onkel sehr cool. **c.** Er findet seine Arbeit furchtbar.
d. Sie findet ihre Arbeit spannend. **e.** Ich finde meine Tante lustig. **f.** Mein Vater findet sie nervig.
g. Wie findest du deine Kollegen? **h.** Ich finde sie fantastisch!

Grammar Time 6: SEIN (Part 2) (Page 75)

1. Match

(ich/bin) (wir/sind) (du/bist) (ihr/seid) (sie/sind) (sie/ist)

2. Complete with the missing forms of SEIN

a. Meine Mutter und ich **sind** Ärztinnen. **b.** Meine Brüder **sind** Piloten. **c.** Meine Schwester **ist** Musikerin.
d. Meine Eltern und ich **sind** Journalisten. **e.** **Bist** du Anwältin? **f.** Nein, ich **bin** Feuerwehrfrau.
g. Ihr **seid** Wissenschaftlerinnen. **h.** Wir **sind** YouTube-Influencer. **i.** Ihr **seid** Fußballprofis, richtig?
j. Meine Onkel **ist** Sänger in einer Band.

3. Translate into English

a. We are electricians. **b.** They are police officers (f). **c.** Are you an actor (f)? **d.** Hansi is a politician.
e. They are head chefs. **f.** I am a police officer (m). **g.** Are you nurses (m)? **h.** We are firefighters.
i. My father and I are bakers. **j.** Are you teachers? **k.** I am a chef.

4. Translate into German (easier)

a. Mein Vater ist Arzt. **b.** Meine Eltern sind Lehrer. **c.** Mein Onkel ist Anwalt. **d.** Ich bin Mechaniker.
e. Meine Cousins sind Ingenieure. **f.** Meine Tante ist Sängerin. **g.** Mein Freund Hansi ist Schauspieler.

5. Translate into German (harder)

a. Mein Bruder ist groß und gutaussehend. Er ist Schauspieler.
b. Meine Schwester ist sehr intelligent und immer fleißig. Sie ist Geschäftsfrau.
c. Mein kleiner Bruder ist sehr sportlich und aktiv. Er ist Fitnesstrainer.
d. Meine Mutter ist sehr stark und fleißig. Sie ist Ärztin.
e. Mein Vater ist sehr geduldig, ruhig und organisiert. Er ist Buchhalter.

UNIT 9

Unit 9. Comparing people: VOCABULARY BUILDING (Page 78)

1. Complete with the missing word
a. Mein Vater ist größer **als** mein Onkel Dieter.
b. Meine Mutter ist **nicht so** sportlich wie meine **Tante**.
c. Mein **Opa** ist kleiner als **mein** Vater.
d. Meine Cousins sind fauler als **wir**.
e. Mein Hund ist **lauter** als meine **Katze**.
f. Meine Tante ist nicht so **hübsch** wie **meine** Mutter.
g. Mein **Bruder** ist **fleißiger** als ich.
h. Meine Eltern sind **netter** als meine Großeltern.
i. Mein großer Bruder ist **genauso** groß **wie** ich.

2. Translate into English
a. my cousins
b. kinder/nicer
c. my uncle
d. my grandparents
e. my aunt
f. my best friend
g. hard-working
h. my friend (f)
i. tall
j. older
k. more reliable
l. lazy

3. Match German and English
(fleißig/hard-working) (gutaussehend/good-looking) (nett/kind) (stark/strong) (sportlich/sporty) (alt/old)
(doof/stupid)

4. Spot and correct any English translation mistakes
a. He is **older** than you.   **b.** He is as **hard-working** as me.   **c.** He is **calmer** than me.
d. I am **not** as chubby as him.   **e.** They are **smaller** than **you**.   **f.** **I am** as old as him   **g.** You are **as** sporty **as** me.

5. Complete with a suitable word
a. Meine Mutter ist älter als meine **Tante/Cousine/…**.   **b.** **Mein** Vater **ist** jünger als mein Onkel.
c. Meine Eltern **sind** genauso **nett/aktiv/…** wie meine Großeltern. **d.** **Meine** Brüder **sind** sportlicher als meine Cousins.
e. Mein **Hund/Wellensittich/…** ist nicht so laut **wie** meine Katze.
f. Meine Oma **ist** genauso großzügig wie mein **Opa/Vater/…**.
g. Meine Freundin ist **genauso** hübsch wie meine **Schwester/Cousine/…**.
h. Mein Onkel ist **nicht** so stark **wie** mein **Vater/Opa…**.

6. Match the opposites
(gutaussehend/hässlich)   (fleißig/faul)   (jung/alt)   (groß/klein)
(nett/gemein)   (großzügig/geizig)   (sportlich/unsportlich)   (schlank/pummelig)

Unit 9. Comparing people: READING (Page 79)

1. Find the German for the following in Laura's text
a. ich wohne in   **b.** meine Eltern   **c.** hübscher   **d.** fleißiger   **e.** beide sind   **f.** sehr nett
g. außerdem   **h.** nicht so stur   **i.** zwei Haustiere   **j.** total süß   **k.** genauso laut wie   **l.** zu Hause haben wir

2. Complete the statements below based on Miriam's text
a. I am **20** years old
b. Julia is a lot **prettier** than Vero.
c. Vero is a lot **kinder/nicer**.
d. My parents are really **kind/nice**.
e. I am as **relaxed** as my father .
f. We have **two** pets.
g. Both are quite **chubby.**
h. My dog is **lazier** than my rabbit.
i. I live in **Austria**.

3. Correct any of the statements below [about Jan's text] which are incorrect
a. Jan hat **zwei** Haustiere.
b. Stefan ist nicht so **groß/stark** wie Max.
c. Max ist nicht so **schlank/sportlich** wie Stefan.
d. Jan ist genauso frech wie sein **Wellensittich**.
e. Jan mag **seine Mutter** mehr als **seinen Vater**.
f. Jan ist **genauso aktiv wie** seine Mutter.

4. Answer the questions on the three texts above
a. Mainz, Germany   **b.** his father   **c.** Laura   **d.** Miriam   **e.** Laura   **f.** Miriam   **g.** Jan   **h.** Stefan
i. Stefan is slimmer and sportier than Max, but Max is bigger and stronger.

Unit 9. Comparing people: TRANSLATION/WRITING (Page 80)

1. Translate into English
a. tall   **b.** slim   **c.** small   **d.** annoying   **e.** intelligent   **f.** stubborn   **g.** funny   **h.** not so….as
i. serious   **j.** bigger/taller than   **k.** not as hard-working   **l.** as……as   **m.** reliable   **n.** kinder/nicer than

2. Gapped sentences
a. Meine **Oma** ist größer als mein **Opa**.   **b.** **Mein** Vater **ist** nicht so **stark** wie mein großer Bruder.
c. Meine **Cousins** sind **sportlicher** als wir.   **d.** **Meine** Schwester ist **fleißiger** als **ich**.
e. Meine Mutter ist **genauso** nett **wie** mein Vater.   **f.** Mein **Onkel** ist viel **geschwätziger** als **wir**.
g. Meine **Freundin** ist nicht so **ernst wie** ich.   **h.** Mein **Papagei** ist **frecher als** meine kleine **Schwester**.

3. Phrase-level translation [En to Ger]
a. meine Mutter ist   **b.** größer als   **c.** genauso schlank wie   **d.** nicht so stur wie   **e.** ich bin kleiner als
f. meine Eltern sind   **g.** meine Cousins sind   **h.** genauso pummelig wie   **i.** sie sind genauso stark wie
j. meine Großeltern sind   **k.** ich bin genauso faul wie

4. Sentence-level translation [En to Ger]
a. Meine große Schwester ist netter als meine kleine Schwester.   **b.** Mein Vater ist genauso stur wie meine Mutter.
c. Meine Freundin ist fleißiger als ich.   **d.** Ich bin nicht so intelligent wie mein Bruder.
e. Mein bester Freund ist stärker und sportlicher als ich.   **f.** Mein Freund ist nicht so hübsch wie ich.
g. Meine Cousins sind hässlicher als wir.   **h.** Mein Wellensittich ist lauter als meine Katze.
i. Meine Schildkröte ist lustiger als mein Hund.   **j.** Mein Kaninchen ist nicht so dick wie mein Meerschweinchen.

Revision Quickie 2: Family, Pets and Jobs (Page 81)

1. Match
(Lehrerin/teacher)   (Anwältin/lawyer)   (Krankenpfleger/nurse)   (Koch/cook)   (Arzt/doctor)
(Flugbegleiterin/flight attendant)   (Feuerwehrleute/firefighters)   (Informatiker/ IT worker)   (Schauspielerin/actor)

2. Sort the words listed below in the categories in the table
Beschreibungen: groß, lustig, klein, blau, schlank, braun, hübsch   **Tiere:** Katze, Kaninchen, Schlange
Berufe: Ingenieur, Mechaniker, Lehrer, Arzt, Architektin   **Familie:** Cousin, Onkel, Vater, Mutter, Bruder

3. Complete with the missing adjectives
a. Mein Bruder ist **pummelig**.   **b.** Meine Schwester ist **groß**.   **c.** Mein Onkel ist **klein**.
d. Meine Freundin ist **hübsch**.   **e.** Mein Opa ist **nervig**.   **f.** Mein Sportlehrer ist **langweilig**.

4. Complete with the missing nouns
a. Meine Mutter arbeitet als **Rechtsanwältin**.   **b.** Meine Tante ist **Krankenschwester/Krankenpflegerin**.
c. Mein bester Freund ist **Journalist**.   **d.** Meine Cousine ist **Flugbegleiterin**.
e. Mein Cousin ist **Student**.   **f.** Ich arbeite als **Arzt/Ärztin**.
g. Dieter arbeitet als **Verkäufer**.   **h.** Meine Oma ist **Sängerin**.

5. Match the opposites
(groß/klein)   (hübsch/hässlich)   (pummelig/schlank)   (faul/fleißig)
(intelligent/dumm)   (laut/ruhig)   (gemein/nett)   (geduldig/ungeduldig)

6. Complete the numbers below   **a.** vier**zehn**   **b.** vier**zig**   **c.** sech**zig**   **d.** sieb**zehn**   **e.** einund**zwanzig**   **f.** drei**ßig**

7. Complete with the correct verb
a. Meine Mutter **ist** sehr groß.   **b.** Ich **habe** schwarze Haare.
c. Ich **arbeite** als Klempner.   **d.** Mein Vater **ist** 40 Jahre alt.
e. Wie viele Personen **gibt** es in deiner Familie?   **f.** Meine Brüder **sind** groß.
g. Mein Opa **arbeitet** nicht mehr.   **h.** Meine Freundin **heißt** Mia.

Unit 10. Saying what's in my school bag: VOCABULARY BUILDING (Page 84)

1. Match up
(ich habe…/I have…)   (ein Radiergummi/a rubber)   (einen Kalender/a calendar)   (einen Kuli/a pen)
(einen Bleistift/a pencil)   (eine Schere/scissors)   (kein Lineal/no ruler)   (keinen Stuhl/no chair)
(ich brauche/I need)   **(keine Brotdose/no lunch box)**

2. Add the missing letter
a. Ich hab<u>e</u>   **b.** einen S<u>p</u>itzer   **c.** ich brau<u>c</u>he   **d.** einen Bl<u>e</u>istift   **e.** ein He<u>f</u>t
f. mein Fre<u>u</u>nd   **g.** ke<u>i</u>ne Schere   **g.** eine Ta<u>f</u>el

3. Complete with the missing word
a. In meiner Schultasche habe ich ein <u>Heft</u>.   **b.** Ich brauche ein <u>Radiergummi</u>.
c. Ich habe <u>keinen</u> Kuli.   **d.** Mein Freund <u>hat</u> ein Blatt Papier.   **e.** Ich <u>habe</u> einen Taschenrechner.
f. Ich brauche einen <u>Stuhl</u>.   **g. Ich habe kein <u>Lineal</u>.**   **h. Mein Freund hat <u>keine</u> Schere.**

4. Translate into English
a. I don't have scissors.   **b.** There are many tables.   **c.** I don't have an exercise book.   **d.** She has a pencil.
e. I have a rubber.   **f.** I need a calendar.   **g.** My friend has a dictionary.   **h.** I don't have a calculator.

5. Anagrams   **a.** Beistift   **b.** Kuli   **c.** schwarz   **d.** grün   **e.** Schere   **f.** Rucksack   **g.** Klebstift   **h.** Heft

6. Broken words
a. In meiner Tasche habe ich ein Federmäppchen.   **b.** Ich habe auch ein Lineal.   **c.** Ich habe kein Radiergummi.
d. Ich brauche einen Spitzer.   **e.** Es gibt eine Tafel   **f.** Mein Freund Max hat ein Wörterbuch.
g. Ich brauche einen Filzstift.

7. Complete with a suitable word
a. Ich habe ein **(neuter noun)**.   **b.** Ich **habe/brauche** einen Kuli.   **c. (Colour)** ist meine Lieblingsfarbe.
d. Ich habe keine **(feminine noun)**.   **e.** Die Tasche ist **(adjective)**.   **f.** Mein Kuli ist **(adjective)**.
g. Meine **(feminine noun)** ist schön.   **h.** Meine **(feminine person)** hat eine Brotdose.
i. Mein **(masculine person)** hat kein Heft.   **j.** Die **(plural noun)** sind rot.   **k.** Es gibt **eine/keine** Tafel.

Unit 10. Saying what's in my school bag: READING (Page 85)

1. Find the German for the following in Lisa's text
a. ich bin zwölf Jahre alt   **b.** ich wohne in Luzern   **c.** in meiner Familie gibt es   **d.** in meiner Tasche habe ich
e. ein gelbes Heft   **f.** ein rotes Lineal   **g.** ich liebe   **h.** meine Freundin hat nur   **i.** in ihrer Tasche
j. ein graues Pferd

2. Find Someone who – which person…   **a.** Peter   **b.** Peter   **c.** Paul   **d.** Paul   **e.** Lisa's friend Anne   **f.** Paul

3. Answer the following questions about Deniz' text
a. in Cologne   **b.** her brother   **c.** 20   **d.** her class is nice   **e.** she has nothing, she needs all   **f.** a white rabbit   **g.** it's funny

4. Vul de ontbrekende woorden in:
Ich heiße Jens. Ich bin acht Jahre alt und ich wohne in Bern, in der Schweiz. In meiner Familie gibt es vier Personen. In meiner Klasse gibt es viele Sachen: einen Computer, eine Tafel und viele Wörterbücher. In meiner Tasche habe ich einen Bleistift, einen roten Kuli und ein Radiergummi. Meine Freundin Marie hat viele Sachen, aber sie hat kein Lineal. Ich mag meinen Lehrer, denn er ist sehr nett. Zu Hause habe ich eine grüne Schlange!

5. Fill in the table below
Peter: Age: 15 **City:** Innsbruck   **Items in bag:** blue pencil, yellow ruler, blue pencil sharpener and white rubber
Paul: Age: 13   **City:** Stuttgart   **Items in bag:** a pencil, a calculator and a calendar

Unit 10. Saying what's in my school bag: TRANSLATION (Page 86)

1. Bad translation: spot and correct [in the English] any translation mistakes you find below
a. In my class there **are two whiteboards** and a computer. I **don't** like my teacher.
b. In my pencil case, I have a **green** pencil, a **red** exercisebook, but no **ruler**.
c. My friend Dieter has **four** people in his family. He needs a black **red** pen and a **calendar**.
d. I need **exercise book** and a **glue stick**. I don't have a ruler or a pencil. I **love** my teacher!
e. In my class there are thirty **tables** and thirty chairs. I already have a **dictionary**, but I need a calculator.

2. Translate into English
a. I need
b. I have a red pencil.
c. I have a blue pen.
d. I have a green ruler.
e. I have a dog at home.
f. My friend has a book.
g. in my pencil case
h. I like my teacher.
i. I have yellow pencils.
j. a big whiteboard
k. I have a lot of things.
l. I have no pencil sharpener.
m. I need a dictionary.

3. Phrase-level translation [En ot Ger]
a. ich habe…
b. … ein rotes Heft
c. … einen blauen Bleistift
d. ich brauche
e. ich mag
f. es gibt
g. dreißig Stühle
h. mein Freund hat

4. Sentence-level translation [En to Ger]
a. Es gibt zwanzig Tische.
b. Es gibt eine Tafel.
c. Mein Lehrer ist nett.
d. Ich habe ein paar blaue Kulis.
e. Ich habe viele grüne Bleistifte.
f. Ich brauche ein Radiergummi und einen Spitzer.
g. Ich brauche einen Stuhl und ein Buch.
h. Meine Klasse ist sehr groß und schön.
i. Mein Vater ist Lehrer.

Unit 10. Saying what's in my school bag: WRITING (Page 87)

1. Split sentences
(Ich habe eine rote Schere.)   (Ich habe keinen Tschenrechner.)   (Meine Klasse ist sehr groß.)
(Es gibt dreißig Stühle.)   (Mein Freund braucht ein rotes Heft.)   (Ich mag meinen Lehrer.)
(In meiner Tasche habe ich viele Sachen.)

2. Rewrite the sentences in the correct order
a. Ich brauche einen Taschenrechner.
b. Ich habe ein Lineal und einen Kuli.
c. Meine Klasse ist sehr groß.
d. Mein Freund hat ein weißes Lineal.
e. Ich habe keinen blauen Kalender.
f. Zu Hause habe ich eine Schildkröte.
g. Mein Vater ist Arzt und er arbeitet in einem Krankenhaus.

3. Spot and correct the grammar and spelling [note: in several cases a word is missing]
a. In meiner Klasse gibt **es** zwanzig Stühle.
b. Ich habe **einen** schwarzen Taschenrechner.
c. In **meiner** Tasche habe ich nicht viele Sachen.
d. Mein Freund braucht **eine** rote Schere.
e. Ich **brauche** ein Heft und einen Kuli.
f. Mein Freund Mario hat viele bunte **Filzstifte**.
g. Meine Mutter ist **Mechanikerin** und sie arbeitet in der Stadt.
h. Ich bin sehr groß. Ich habe **blonde** Haare und grüne Augen.

4. Anagrams   **a.** Beistift   **b.** Tafel   **c.** Kuli   **d.** Tische   **e.** Taschenrechner   **f.** Füller

5. Guided writing – write 3 paragraphs describing the people below using the details in the box
Natalie: Ich wohne in Bern. Ich habe ein Heft, aber keinen Kuli. Ich brauche einen Kalender.
Aton: Ich wohne in Graz. Ich habe ein Lineal. Ich habe keinen Bleistift. Ich brauche ein Blatt Papier.
Julia: Ich wohne in Hamburg. Ich habe Filzstifte. Ich habe keinen Spitzer. Ich brauche einen Klebstift.

6. Describe this person in German:
Er heißt Thomas. Er hat ein schwarzes Kaninchen. Er hat braune Haare und blaue Augen. In seiner Schultasche hat er einen Kuli, einen Bleistift, ein Lineal, ein Radiergummi und eine Brotdose. Es hat keinen Spitzer, kein Papier und keinen Stuhl. Seine Lieblingsfarbe ist Rot.

Grammar Time 7: present tense of HABEN + indefinite article: Drills 1 (Page 89)

1. Match up

(ich habe/I have)   (wir haben/we have)   (du hast/you have)   (er hat/he has)   (ihr habt/you guys have)
(sie haben/they have)

2. Complete with the missing form of HABEN

a. Ich **habe** keine Haustiere.

b. Wir **haben** eine graue Katze.

c. Sie **haben** zwei Schildkröten.

d. **Hast** du Geschwister?

e. **Habt** ihr Haustiere?

f. Er **hat** ein Meerchweinchen.

g. Oma **hat** keine Haustiere.

h. Wir **haben** keine Haustiere.

3. Complete with the present tense form of HABEN

ich **habe**   du **hast**   er, sie, es **hat**   wir **haben**   ihr **habt**   sie, Sie **haben**

4. Add in the correct form of HABEN

a. Meine Brüder **haben** einen Hamster.

b. Mein Onkel **hat** einen Papagei.

c. Ich **habe** ein Buch.

d. **Hast** du ein Pferd?

e. **Habt** ihr Fische zu Hause?

f. Meine Eltern **haben** eine Schlange, stell dir vor!

g. Ich **habe** eine süße Katze.

f. Er **hat** eine kleine Schwester.

5. Complete with the missing form of HABEN

a. Mein Bruder **hat** blaue Augen.

b. Meine Mutter **hat** lange blonde Haare.

c. Meine Eltern **haben** braune Augen.

d. Mein Onkel Paul **hat** keine Haare.

e. **Hast** du blaue oder braune Augen?

f. Ihr **habt** sehr schöne Haare!

g. Ich **habe** leider kein Haustier, aber mein Bruder **hat** ein Meerschweinchen.

6. Translate into German

a. Mein Vater hat blaue Augen.

b. Ich habe keine Haustiere.

c. Ich habe keinen Bruder.

d. In meinem Federmäppchen habe ich ein Lineal.

e. Hast du Kulis?

f. Ich habe einen Hund zu Hause.

g. Meine Mutter hat blonde Haare.

i. Mein Vater ist achtunddreißig.

j. Wie alt bist du?

Present tense of HABEN + indefinite article: Drills 2 (Page 90)

7. Translate the pronoun and verb into German as shown in the example

I have: Ich habe   You have: Du hast   She has: Sie hat   He has: Er hat   We have: Wir haben

You guys have: Ihr habt   They have: Sie haben

8. einen, eine, or ein?

a. Wir haben **einen** Papagei.

b. Ich habe **ein** Heft.

c. Mein Bruder hat **eine** Katze.

d. Ich hätte gern **einen** Kalender.

e. Wir haben **eine** Schildkröte.

f. Ich habe **keine** Haustiere.

g. Hast du **einen** Bruder oder eine Schwester?

9. Translate into German. Topic: family members

a. Ich habe keinen Onkel.

b. Wir haben zwei Brüder.

c. Meine Mutter hat keine Schwestern.

d. Hast du Großeltern?

e. Habt ihr Freunde?

f. Ich habe keinen Bruder.

10. Translate into German. Topic: Pets

a. Ich habe eine Schildkröte.

b. Wir haben ein Pferd.

c. Er hat zwei Hunde.

d. Sie haben fünf Fische.

e. Hast du ein Kaninchen?

f. Meine Mutter hat einen Frosch.

11. Translate into German. Topic: Hair and eyes

a. Ich habe schwarze Haare.

b. Wir haben blaue Augen.

c. Sie hat lockige Haare.

d. Meine Mutter hat blonde Haare.

e. Hast du graue Augen?

f. Sie haben grüne Augen.

g. Mein Bruder hat braune Augen.

h. Wir haben keine Haare.

i. Ihr habt schöne Augen.

j. Meine Eltern haben rote Haare.

k. Du hast keine Haare.

l. Meine Schwester hat sehr lange Haare.

Grammar Time 8: HABEN + indefinite article + adjective + noun: Drills (Page 92)

1. Complete the table
(alt/**old**) (**schmutzig**/dirty) (**grün**/green) (praktisch/**practical**) (schön/**beautiful**) (**braun**/brown)
(**hellblau**/light blue) (kaputt/**broken**) (**rot**/red)

2. Translate into English
a. I have a new fountain pen.   **b.** I have a blue lunch box.   **c.** My friend has a green exercise book.
d. I have no ruler.   **e.** We have many new dictionaries.   **f.** I'd like to have a new pencil case.
g. I have no beautiful water bottle.   **h.** You have old scissors.   **i.** She has a new rubber.
j. There are dirty tables.

3. Provide the correct adjective ending
Ich habe….   a. einen schön**en** Filzstift.   **b.** eine neu**e** Schere.   **c.** rot**e** Kulis.   **d.** keinen sauber**en** Stuhl
e. ein grün**es** Heft.   **f.** hellblau**e** Bleistifte.   **g.** keine kaputt**en** Stühle.   **h.** neu**e** Tische.   **i.** einen hässlich**en** Füller.

4. Complete with the missing adjective
a. Ich habe eine **rote** Schultasche.   **b.** Ich habe einen **kaputten** Kuli.   **c.** Ich habe einen **neuen** Füller.
d. Ich habe ein **gelbes** Lineal.   **e.** Ich habe ein **weißes** Papier.   **f.** Ich habe zwei **rote** Scheren.
g. Ich habe **blaue** Stifte.   **h.** Ich habe eine **schwarze** Tasche.

5. Translate into German
a. Ich habe….   **b.** ein schwarzes Lineal   **c.** eine grüne Schultasche   **d.** ein gelbes Federmäppchen
e. zwei grüne Lineale   **f.** zwei blaue Scheren   **g.** zwei weiße Hefte

6. Translate into German
a. Ich habe einen roten Kuli und einen blauen Füller.   **b.** Paul hat eine grüne Schultasche.
c. Hast du ein weißes Federmäppchen?   **d.** Habt ihr rote Marker?   **e.** Ich brauche ein rosa Blatt Papier.
f. Wir haben ein gelbes Heft.   **g.** Er hat ein schwarzweißes Lineal.

UNIT 11

Unit 11. Talking about food (Part 1): VOCABULARY BUILDING (Part 1) (Page 95)

1. Match up   (Erdbeeren/strawberries) (Fleisch/meat) (Gemüse/vegetables) (Hähnchen/chicken) (Wasser/water)
(Milch/milk) (Eier/eggs) (Krabben/prawns) (Hamburger/burgers) (Obst/fruits) (Äpfel/apples)

2. Complete
a. Ich esse gern **Hähnchen**.   **b.** Ich esse lieber **Krabben**.   **c.** Ich esse nicht gern **Äpfel**.
d. Ich trinke am liebsten **Milch**.   **e.** Ich trinke lieber **Kaffee**.   **f.** Ich trinke gern **Wasser**.
g. Ich **esse** nicht gern Tomaten.   **h.** Ich hasse **Saft**.   **i.** Ich mag **Obst** nicht.   **j.** Ich liebe **Eier**.

3. Translate into English
a. I like eating fruit.   **b.** I don't like eating eggs.   **c.** I most like eating peas.   **d.** I like burgers.
e. I don't like meat.   **f.** I prefer eating oranges.   **g.** I don't like eating tomatoes.
h. Coffee doesn't taste good to me.

4. Complete the words
a. Ei**er**   **b.** Bana**ne(n)**   **c.** Erdb**eere(n)**   **d.** Gem**üse**   **e.** Hamb**urger**   **f.** Kr**abbe(n)**   **g.** Äp**fel**   **h.** Wa**sser**

5. Broken words
a. I**ch esse gern** N**udeln**.   **b.** I**ch** t**rinke gern** W**asser**.   **c.** I**ch esse** n**icht gern** F**leisch**.
d. I**ch** m**ag** S**chokolade**.   **e.** I**ch esse** a**m liebsten** G**emüse**.   **f.** I**ch esse gern** Ä**pfel**.
g. I**ch** f**inde** M**ilch** l**ecker**.   **h.** I**ch** l**iebe** K**artoffeln**.

6. Translate into German
a. Ich esse gern Eier.   **b.** Ich esse lieber Orangen.   **c.** Ich esse sehr gern Gemüse.   **d.** Ich esse nicht gern Fleisch.
e. Ich mag Obst.   **f.** Ich mag Gemüse nicht.   **g.** Ich hasse Milch.

Unit 11. Talking about food (Part 1): VOCABULARY BUILDING (Part 2) (Page 96)

1. Complete with the missing words. The initial letter of each word is given
a. Ich finde Bananen sehr l**ecker**.   **b.** Ich f**inde** Äpfel sehr e**rfrischend**.   **c.** Ich finde Hähnchen e**kelhaft**.
d. Ich mag F**leisch** gar nicht.   **e.** Ich trinke lieber K**affee** als T**ee**.   **f.** Hamburger sind u**ngesund**.
g. Salat ist ziemlich g**esund**.   **h.** Ich esse keinen R**eis**.   **i.** Ich esse am liebsten K**uchen**.
j. Ich trinke gern K**akao**, weil es süß ist.

2. Complete the table
(Milch/**milk**)   (**Hähnchen**/chicken)   (Gemüse/**vegetables**)   (Eier/**eggs**)   (**Tee**/tea)   (**Brot**/bread)
(Kartoffeln/**potatoes**)   (Reis/**rice**)   (**Nudeln**/pasta

3. Anagrams
a. Äpfel   **e.** Gemüse   **i.** Saft
b. Milch   **f.** Nudeln   **j.** Hähnchen
c. Erdbeeren   **g.** Wasser   **k.** Reis
d. Brot   **h.** Tee   **l.** Kartoffeln

4. Broken words
a. I**ch** e**sse** a**m** l**iebsten** E**ier**.   **b.** I**ch** e**sse** l**ieber** S**alat**.   **c.** I**ch** l**iebe** K**artoffeln**.   **d.** R**eis** i**st** s**ehr** g**esund**.
e. I**ch** f**inde** K**affee** u**ngesund**.   **f.** F**isch** i**st** l**ecker**.   **g.** Indisches Essen i**st** s**charf**.   **h.** S**chokolade** i**st** s**üß**.

5. Complete each sentence with a suitable word
a. **Hamburger** sind nicht gesund.   **b.** Kaffee ist sehr **ungesund/lecker**.   **c.** Ich mag **Fisch** nicht.
d. Ich liebe **Hähnchen** und **Nudeln**.   **e.** Meine Mutter isst gern **Gemüse/Krabben**.
f. Ich esse nicht gern **Fleisch**, weil es **ungesund** ist.   **g.** Ich esse lieber **Gemüse**, denn es ist **gesund**.
h. Findest du Gemüse **lecker**?

Unit 11. Talking about food (Part 1): READING (Page 97)

1. Find the German for the following in Nils' text
a. ich liebe Meeresfrüchte   **b.** ich esse gern Krabben   **c.** superlecker   **d.** reich an Proteinen
e. Lachs   **f.** außerdem esse ich gern   **g.** besonders   **h.** so süß   **i.** jedoch

2. Find the German for the following in Freddie's text
a. Was ich gern esse?   **b.** zum Beispiel   **c.** sehr nahrhaft   **d.** aber ich esse nicht gern   **e.** jedoch esse ich gern
f. besonders Bananen   **g.** denn sie schmecken   **h.** ich hasse sie   **i.** obwohl es nicht gesund ist

3. Complete the following sentences based on Alex's text
a. Alex loves **vegetables**.   **b.** He eats them **every day**.   **c.** His favourite vegetables are **spinach, tomatoes** and **corn**.
d. He also likes **fruit** because it is **healthy** and **delicious.**   **e.** He hates **meat** and **fish.**

4. Fill in the table below about Jana
Likes eating most: pasta   **Likes a lot**: fruit   **Hates**: eggs   **Doesn't like**: potatoes

Unit 11. Talking about food (Part 1): TRANSLATION (Page 98)

1. Bad translation: spot and correct [IN THE ENGLISH] any translation mistakes you find below
a. I **love** prawns.   **b.** I hate **pasta.**   **c.** I **like** eating honey.   **d.** I **most** like eating apples.
e. Ich find eggs **not** tasty.   **f.** Bananas are rich in **vitamins.**   **g.** Ich don't like eating **fish**.
h. I prefer drinking **mineral water**.   **i.** I **don't** like vegetables.   **j.** I **don't** like eating rice.
k. Fruit is tasty and healthy.   **l.** I most like eating **potatoes**.

2. Translate into English

a. I like seafood.   **b.** I find fish very tasty.   **c.** Chicken is rich in proteins.
d. I really like eating rice.   **e.** Meat is unhealthy.   **f.** I love potatoes.
g. I hate eggs.   **h.** I prefer drinking mineral water.   **i.** I like eating prawns.
j. I don't eat vegetables.   **k.** I don't like eating carrots.   **l.** The coffee is very strong.
m. Apples don't taste good to me.   **n.** I find oranges very tasty.

3. Phrase-level translation [En to Ger]

a. ich esse gern   **b.** ich liebe   **c.** ich esse lieber   **d.** ich hasse   **e.** reich an Proteinen   **f.** weil es ….ist
g. ich esse nicht gern   **h.** ich esse am liebsten   **i.** ich finde es   **h.** Minearalwasser   **i.** Orangensaft

4. Sentence-level translation [En to Ger]

a. Ich mag scharfes Hähnchen sehr.   **b.** Ich mag Orangen, weil sie gesund sind.
c. Fleisch ist lecker, aber ungesund.   **d.** Dieser Kaffee ist sehr süß.
e. Eier sind ekelhaft.   **f.** Ich liebe Orangen. Sie sind lecker und reich an Vitaminen.
g. Ich liebe Fisch. Er ist lecker und reich an Proteinen.   **h.** Gemüse ist ekelhaft.
i. Ich mag lieber Bananen.   **j.** Dieser Tee ist süß.

Unit 11. Talking about food (Part 1): WRITING (Page 99)

1. Split sentences

(Ich esse gern Nudeln, weil sie lecker sind.)   (Ich mag Kartoffeln, denn sie sind reich an Proteinen.)
(Ich finde Fleisch nicht lecker.)   (Am liebsten esse ich Reis und Kartoffeln.)
(Ich esse jeden Tag Obst und Gemüse.)   (Hamburger sind nicht gesund.)
(Was isst du am liebsten?)

2. Rewrite the sentences in the correct order

a. Ich esse gern Reis.   **b.** Ich hasse Gemüse.   **c.** Ich trinke gern Kaffee.
d. Kartoffeln esse ich nicht gern.   **e.** Ich trinke lieber Mineralwasser.   **f.** Obst ist sehr gesund.
g. Ich mag Erdbeeren, weil sie lecker sind.

3. Spot and correct the grammar and spelling (there may be missing words)

a. Ich **esse gern** Kartoffeln.   **b.** Ich **esse** nicht gern Erbsen.   **c.** Am liebsten **trinke** ich Cola.
d. Ich **trinke** gern Kaffee.   **e.** Ich esse **lieber** Nudeln.   **f.** Ich mag **Hähnchen**.

4. Anagrams

a. ekelhaft   **b.** Fleisch   **c.** Nudeln   **d.** Fisch   **e.** gesund   **f.** lecker   **g.** Milch

5. Guided writing – write 3 short paragraphs describing people's taste using the details in the box

Anna: Ich esse am liebsten Nudeln, weil sie reich an Proteinen sind. Ich esse auch gern Hähnchen, denn es ist lecker. Ich esse nicht gern Gemüse und ich hasse Eier.

Ingo: Ich esse am liebsten Fisch, denn er ist gesund. Ich mag Erdbeeren, denn sie sind süß. Ich mag keine Äpfel und ich hasse Hamburger, weil sie ungesund sind.

Deniz: Ich esse am liebsten Honig, denn er ist süß. Ich esse gern Fisch, weil er lecker ist. Ich esse nicht gern Obst. Ich hasse Gemüse. Ich finde es langweilig

6. Write a paragraph on Toni in German [using the third person singular]

Er heißt Toni und ist achtzehn Jahre alt. Er ist groß und sieht gut aus. Er ist sportlich und freundlich. Er ist Student. Er isst am liebsten Hähnchen. Gemüse isst er auch gern. Fleisch isst er nicht gern und er hasst Fisch.

Grammar Time 9: ESSEN/TRINKEN Drills (Page 101)

1. Match

(ich esse gern/I like eating)   (wir essen am liebsten/we most like eating)   (sie trinkt gern/she likes drinking)
(du isst lieber/you prefer eating)   (er isst sehr gern/he really likes eating)
(sie trinken nicht gern/they don't like drinking)

2. Translate into English
a. I like eating pasta. **b.** We prefer eating fruit. **c.** She most likes eating vegetables. **d.** What do you like drinking?
e. We really like drinking juice. **f.** He likes eating meat. **g.** You like eating potatoes. **h.** Do you like eating chocolate?
i. He likes drinking milk. **j.** I don't like drinking tea.

3. Spot and correct the mistakes
a. Mein Vater <u>isst</u> gern Gemüse.
c. Mein Vater <u>isst</u> nicht gern Fleisch.
e. Was <u>isst</u> du am liebsten?
g. Dein Bruder und du, was <u>esst</u> ihr gern?

b. Mein Bruder und ich <u>essen</u> gern Obst.
d. Mein Großeltern <u>trinken</u> lieber Wasser.
f. Mein Schwester <u>isst</u> lieber Jogurt.
h. Was <u>trinkst</u> du am liebsten?

4. Complete with the correct form of ESSEN or TRINKEN
a. Mein Vater <u>isst</u> gern Obst und Gemüse.
c. <u>Trinkst</u> du gern Apfelsaft?
e. Meine Eltern <u>trinken</u> sehr gern Wasser.
g. Mein Freund <u>trinkt</u> nicht gern Wein.

b. Meine Brüder <u>essen</u> nicht gern Reis.
d. Meine Mutter und ich <u>essen</u> gern Salat.
f. Meine Schwester <u>trinkt</u> total gern heiße Schokolade.
h. Was <u>isst/trinkst</u> du zum Frühstück?

5. Translate into German
a. Ich esse gern Nudeln. **b.** Wir trinken am liebsten Orangensaft. **c.** Was isst du gern? **d.** Was trinkt ihr gern?
e. Wir essen sehr gern Fleisch. **f.** Sie essen nicht gern Fisch. **g.** Sie isst nicht gern Gemüse.
h. Du trinkst gern Mineralwasser.

6. Translate into German
a. Ich esse gern Fleisch, weil es lecker ist.
b. Er isst nicht gern Kartoffeln, sie sind ekelhaft.
c. Ich trinke gern Apfelsaft. Es ist köstlich und gesund.
d. Meine Eltern essen gern Salat, weil es lecker ist.
e. Ich esse nicht gern Gemüse. Es schmeckt mir nicht.
f. Ich trinke nicht gern Tee oder Kaffee, weil ich es nicht lecker finde.

UNIT 12

Unit 12. Talking about food – Likes/Dislikes (Part 2): VOCABULARY (Page 104)

1. Match
(Wasser/water) (Fisch/fish) (Reis/rice) (Brötchen/sandwich)
(Hähnchen/chicken) (Fleisch/meat) (Nudeln/pasta) (Pommes/chips)
(Honig/honey) (Käse/cheese) (Pfannkuchen/pancakes)
(Salat/salad) (Gemüse/vegetables) (Obst/fruit)

2. Complete with the missing words
a. Ich esse gern <u>**Obst**</u>. **b.** Ich liebe <u>**Salat**</u>. **c.** Ich mag <u>**Gemüse**</u>. **d.** Ich esse lieber <u>**Äpfel**</u>.
e. Ich finde es sehr <u>**lecker**</u>. **f.** Ich esse gern <u>**Hähnchen**</u>. **g.** Ich mag <u>**Pfannkuchen**</u> nicht.
h. Ich liebe <u>**Honig**</u>. **i.** Ich hasse <u>**Fisch**</u>. **j.** Es schmeckt einfach <u>**ekelhaft**</u>.

3. Complete with the missing letters
a. Wa<u>ss</u>er **b.** Fle<u>isch</u> **c.** Ku<u>chen</u> **d.** O<u>bst</u> **e.** Äp<u>fel</u> **f.** Karto<u>ffeln</u> **g.** Häh<u>nchen</u>
h. Erdbe<u>eren</u> **i.** sü<u>ß</u> **j.** Apfels<u>aft</u> **k.** Haferb<u>rei</u> **l.** R<u>eis</u> **m.** E<u>is</u> **n.** K<u>affee</u>
o. Br<u>öt</u>chen **p.** le<u>ck</u>er **q.** B<u>rot</u> **r.** K<u>äse</u>

4. Match
(nahrhaft/nutritious) (fettig/fatty) (saftig/juicy) (lecker/tasty) (gesund/healthy) (ungesund/unhealthy)
(scharf/spicy) (vitaminreich/rich in vitamins) (ekelhaft/disgusting) (süß/sweet) (bitter/bitter)

5. Sort the items below into the appropriate category

Obst: Äpfel, Erdbeeren, Bananen, Birnen   **Gemüse:** Spinat, Karotten

Adjektive: lecker, süß, fettig, gut, nahrhaft, ekelhaft, bitter, gesund, salzig

Fisch & Fleisch: Fischstäbchen, Schnitzel, Fleisch, Hähnchen

Milchprodukte: Jogurt, Milch, Käse   *(left over: Reis, Nudeln - Ist das ein Milchprodukt/Gemüse?)*

Unit 12. Talking about food – Likes/Dislikes (Part 2): READING (Page 105)

1. Find the German for the words below in Franzi's text.

a. ein gekochtes Ei   **b.** eine Tasse Tee   **c.** viel Zucker   **d.** zum Mittagessen   **e.** ein Glas   **f.** Hähnchen   **g.** gesund
h. nach der Schule   **i.** ein paar Kekse   **j.** Energie   **k.** Gemüse   **l.** meistens   **m.** etwas Kaltes   **n.** zum Abendessen
o. zum Beispiel   **p.** nicht nur   **q.** sondern auch

2. Complete the following sentences based on Luis's text

a. For breakfast, I mostly eat **muesli** with **milk**, and I drink a mug of **coffee** with that.
b. For **lunch**, I most like eating hamburgers with **chips**.
c. With that, I usually drink a **glass** of **orange juice**.
d. I know, hamburgers are **unhealthy**, but I find them really **tasty**!
e. After **school**, I often eat something small, when I come **home**.
f. For dinner, I usually eat something **warm**, for example **pasta**.
g. I would also like to eat **cheese**, but my mother never buys cheese, she **hates** cheese!

3. Find the German for the following in Luis' text

a. Was ich normalerweise esse?   **b.** nach der Schule   **c.** eine Kleinigkeit
d. das macht mich wach   **e.** eine Tasse Tee   **f.** ich würde auch gern essen
g. zum Nachtisch   **h.** normalerweise   **i.** zum Beispiel
j. Toast mit Marmelade   **k.** ich weiß   **l.** mein Mutter kauft nie
m. sie hasst Käse   **n.** einen Becher Kaffee   **o.** aber ich finde sie

Unit 12. Talking about food – Likes/Dislikes (Part 2): READING [Part 2] (Page 106)

4. Who says this, Robert or Fernand? Or both?
a.Luis **b.**Franzi **c.**Franzi **d.**Franzi **e.**Luis **f.**Franzi **g.**Luis **h.**Luis **i.**Luis **j.**Franzi **k.**Luis **l.**Franzi

5. Answer the following questions on Jana's text
a. very much   **b.** muesli, boiled egg, banana   **c.** energy   **d.** apple juice
e. meat or fish, she is vegetarian   **f.** cake   **g.** they are so nutritious   **h.** it is not healthy

6. Find in Jana's text the following: **a.** Obstjogurt **b.** Salat **c.** Apfelsaft **d.** Kuchen **e.** Banane **f.** Jogurt
     g. nahrhaft **h.** Schale **i.** essen **j.** Schulkantine **k.** Kartoffelsuppe **l.** Vegetarierin

Unit 12. Talking about food – Likes/Dislikes (Part 2): WRITING (Page 107)

1. Split sentences

(Zum Frühstück esse ich meistens Müsli mit Milch.)   (Manchmal esse ich auch Haferbrei.)
(Dazu trinke ich eine Tasse Tee mit viel Zucker!)   (Zum Mittagessen esse ich oft Nudeln mit Tomatensoße.)
(Fleich esse ich nie, denn ich bin Vegetarier.)   (Ich trinke am liebsten Orangensaft.)
(Zum Abendessen esse ich oft etwas Warmes, zum Beispiel eine Suppe.)
(Ich esse Fisch gern, weil es reich an Proteinen ist.)

2. Complete with the correct option

a. Ich esse oft etwas **Warmes**, zum Beispiel eine Suppe. **b.** Am liebsten **esse** ich Hähnchen mit Reis.
c. Normalerweise esse ich Cornflakes zum **Frühstück**. **d.** Ich esse gern Schnitzel mit **Pommes** zum Mittagessen.
e. Zum Abendessen esse ich gern ein **Brot** mit Käse. **f.** Ich esse kein Fleisch, weil ich Vegetarierin bin.
g. Ich liebe **Schokolade**, weil es sehr süß und lecker ist. **h.** Ich trinke gern **Kaffee**, denn es macht mich wach!
i. Ich trinke gar nicht gern Milch, ich finde das **ekelhaft**! **j.** Obst und Gemüse sind sehr gut für die **Gesundheit**.

3. Spot and correct the grammar and spelling mistakes [note: in several cases a word is missing]
a. Zum Abendessen esse ich gern Hamburger mit Pommes.　　**b.** Ich **trinke** gern Mineralewasser.
c. Ich **esse** gern Fleisch, weil es reich an Proteinen **ist**.　　**d.** Ich **liebe** **Orangensaft**.
e. Nach der Schule **esse** ich gern Toast mit **Marmelade**.　　**f.** Ich **trinke** auch eine **Tasse** Tee mit Milch.
g. Ich liebe **Honig**, weil es süß **ist**.　　**h.** Zum Abendessen **esse** ich oft Tomatensuppe.
i. Ich esse am **liebsten Gemüse**, denn es ist gesund.

4. Complete the words
a. zum Mittagessen　**b.** zum Abendessen　**c.** zum Frühstück　**d.** gesund　**e.** süß　**f.** lecker　**g.** ekelhaft

5. Guided writing – write 2 short paragraphs in the first person [I] using the details below
Simon: Zum Frühstück esse ich immer Müsli mit Milch. Dazu trinke ich Orangensaft. Zum Mittagessen esse ich gern Schnitzel mit Pommes und zum Nachtisch esse ich oft Eis. Zum Abendessen esse ich gern Kartoffelsuppe und ich trinke ein Glas Mineralwasser. Ich würde auch gern Krabben essen, aber meine Mutter hasst Meeresfrüchte!
Ellen: Zum Frühstück esse ich am liebsten ein gekochtes Ei mit Toast und dazu trinke ich einen Becher Kaffee. Zum Mittagessen esse ich gern Nudeln mit Tomatensoße und zum Nachtisch esse ich gern Kuchen. Zum Abendessen esse ich oft Fisch oder Hähnchen, dazu trinke ich Saft. Ich würde auch gern Schokolade essen, aber es ist sehr ungesund!

6. Sentence level translation [EN - GER]
a. Ich liebe Obst, weil es süß und erfrischend ist.　　**b.** Ich mag Lachs nicht, denn es ist ekelhaft.
c. Zum Abendessen esse ich ein Käsebrötchen.　　**d.** Ich trinke immer Milch mit Honig. Ich mag es, weil es süß ist.
e. Ich mag Fisch, aber Hänchen ist nicht sehr lecker.

Grammar Time 10: Word order in main clauses. Drills (food & drink) (Page 109)

1. Match adverbials
(manchmal/sometimes)　　(dazu/with that)　　(am liebsten/☺☺☺)　　(meistens/usually)
(nicht gern/☹)　　(zum Abendessen/for dinner)

2. Underline all SV and circle all VS
a. Ich esse oft Kartoffeln.　　**b.** Manchmal **esse ich** Nudeln mit Tomatensoße.
c. Meistens **trinke ich** dazu Orangensaft.　　**d. Mein Bruder isst** gern Hähnchen, …
e. …, aber **ich esse** lieber Fisch.　　**f. Ich mag** am liebsten Lasagne!
g. Was **isst du** am liebsten zum Abendessen?

3. Sentences with 2 main clauses – underline all SVs and circle all VS
a. Ich esse gern Salat und **ich trinke** am liebsten Wasser dazu.
b. Du isst gern Gemüse, aber **ich esse** gern Fleisch.
c. Zu Mittag **esse ich** oft Salat, aber manchmal **esse ich** auch Nudeln.
d. Ich esse oft Müsli zum Frühstück und manchmal **trinke ich** einen Tee dazu.
e. Mein Vater trinkt gern Bier, aber **meine Mutter trinkt** lieber Wein.
f. Ich finde Lasagne superlecker, aber Fisch **finde ich** ekelhaft!
g. Ich esse sehr gern Spiegeleier, aber manchmal **esse ich** auch ein gekochtes Ei.

4. Put the words in the correct order to form sentences [note: start with the underlined word]
a. Meine Mutter isst oft Müsli.　　**g.** Wir trinken manchmal Kaffee.
b. Am liebsten esse ich Nudeln.　　**h.** Trinkt deine Oma gern Tee?
c. Ich trinke dazu Apfelsaft.　　**i.** Manchmal esse ich Toast mit Marmelade.
d. Haferbrei isst du gern.　　**j.** Dazu trinke ich Orangensaft oder Wasser.
e. Ich esse lieber Hamburger.　　**k.** Schwarzbrot finde ich nicht lecker.
f. Er isst gern eine Banane.　　**l.** Mein Freund isst sehr gern Hamburger.

5. Translate into English
a. I always eat muesli for breakfast.　　**b.** For lunch, I often eat salad.　　**c.** Sometimes I eat hamburger.
d. My brother rarely eats meat.　　**e.** I never eat chocolate.　　**f.** You usually eat toast with jam.

6. Translate into German

a. Ich esse nie eine Babane.   **b.** Manchmal esse ich einen Apfel.   **c.** Ich trinke oft Orangensaft, …
d. … aber ich trinke nie Kaffee.   **e.** Was isst du zum Abendessen?   **f.** Mein Vater isst immer Fleisch.

Grammar Time 10: Word order in main clauses. Drills (family, …) (Page 110)

1. Match adverbials (in meiner Familie/in my family)   (im Sommer/in the summer)   (zu Hause/at home)   (jedoch/however)   (leider/unfortunately)   (außerdem/furthermore)

2. Underline all SV and circle all VS

a. In meiner Familie **gibt es** fünf Personen.   **b.** **Ich heiße** Martin und **ich bin** zehn Jahre alt.
c. Zu Hause **habe ich** einen Hund und einen Fisch.   **d.** **Mein Hund ist** laut, aber **meine Katze ist** leise.
e. Außerdem **habe ich** ein Pferd.   **f.** **Das Wetter ist** im Sommer oft schön.
g. Jedoch **ist es** im Winter oft kalt.

3. Sentences with 2 main clauses – underline all SVs and circle all VS

a. **Ich mag** meinen Bruder, denn **er ist** immer nett zu mir.
b. **Meine Schwester mag** ich nicht, denn **sie ist** immer gemein zu mir.
c. **Ich habe** einen Bruder, aber **ich habe** keine Schwester.
d. **Ich kann** nicht Fußball spielen, aber **ich kann** gut singen.
e. Tanzen **kann ich** nicht so gut, aber **ich kann** sehr gut malen.
f. **Mein Onkel ist** vierzig Jahre alt und **meine Tante ist** neununddreißig Jahre alt.
g. **Ich verstehe** mich gut mit meinem Onkel, denn **er ist** sehr lustig und nett.

4. Put the words in the correct order to form sentences [note: start with the underlined word]

a. Ich mag meine Mutter.   **g.** Im Sommer ist es immer sonnig.
b. Zu Hause habe ich kein Haustier.   **h.** Kommst du aus Deutschland?
c. Manchmal ist das Wetter schlecht.   **i.** Außerdem habe ich einen Bruder.
d. Es regnet oft im Winter.   **j.** Jedoch habe ich keine Schwester.
e. Mein Bruder ist immer lustig.   **k.** Meine Schwester finde ich nicht nett.
f. Er kann gut Fußball spielen.   **l.** Ich finde meinen Bruder nervig.

5. Translate into English

a. I find my brother annoying, …   **b.** …, but I find my mother very nice.   **c.** Unfortunately, I don't have a pet.
d. However, I have a sister.   **e.** My sister often eats pasta.   **f.** She can sing well.

6. Translate into German

a. Leider ist mein Bruder nicht nett.   **b.** Er ist oft nervig.   **c.** Im Sommer ist das Wetter oft schlecht.
d. Aber manchmal scheint die Sonne.   **e.** Hast du ein Haustier?   **f.** Manchmal würde ich gern einen Hamster haben.

Question Skills 2: Jobs / School bag / Food (Page 111)

1. Translate into English

a. Where do you have lunch?   **b.** What is your mother's job?   **c.** What do you have in your school bag?
d. What is your favourite food?   **e.** What is your favourite drink?   **f.** How often do you eat meat?
g. Do you like orange juice?   **h.** Why don't you eat vegetables?   **i.** Do you often eat sweets?
j. What is your favourite sport?   **k.** What is your sister like?   **l.** Who do you like having breakfast with?

2. Match the answers below to the questions in activity 1

A. E   **B.** K   **C.** J   **D.** G   **E.** H   **F.** D   **G.** F/I   **H.** F/I   **I.** C   **J.** B   **K.** A   **L.** L

3. Provide the questions to the following answers *[Example answers]*

a. Isst du oft Fleisch?   **b.** Isst du gern Gemüse?   **c.** Was arbeitet deine Mutter?
d. Magst du Obst?   **e.** Machst du Sport?   **f.** Isst du gern Krabben?
g. Wie oft isst du Obst?   **h.** Woher kommst du?   **i.** Hast du Haustiere?
j. Was ist dein Lieblingsgetränk?   **k.** Was gibt es in deiner Schultasche?

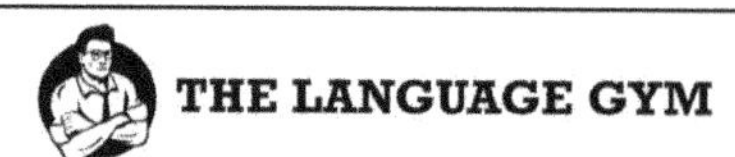

4. Complete
a. W**as** h**as**t d**u** **in** d**einer** Schultasche?
b. W**as** arb**eitest** du?
c. W**ie** o**ft** **isst** d**u** Meeresfrüchte?
d. W**as** **is**t d**ein** Lieblingsgetränk?
e. W**ie** al**t** **bist** du?
f. **Isst** d**u** **gern** Fleisch?
g. W**as** k**ann**st du?
h. W**as** **isst** d**u** **zum** Frühstück?

UNIT 13

Unit 13. Talking about clothes: VOCABULARY BUILDING (Page 114)

1. Match up
(ich trage …/I wear …)   (ein Hemd/a shirt)   (ein Kleid/a dress)   (Sportschuhe/trainers)   (eine Hose/trousers)
(einen Anzug/a suit)   (eine Mütze/a cap)

2. Complete with the missing word
a. Zuhause **trage** ich oft ein T-Shirt.   **b.** In der Schule trage ich immer eine **Uniform**.
c. Im Fitnessstudio trage ich meistens einen **Trainingsanzug**.   **d.** Am Strand trage ich immer einen **Badeanzug**.
e. In der Disko trage ich nie **Sandalen**, sondern ich trage **Stöckelschuhe**.
f. Ich trage meistens **Ohrringe**.   **g.** Ich trage eine lange **Hose**.

3. Translate into English
a. I often wear a T-shirt.   **b.** I sometimes wear a suit.   **c.** I never wear a jumper.
d. I very often wear a cool cap.   **e.** I always wear a watch.   **f.** I usually wear earrings.
g. He often wears an elegant suit.   **h.** She always wears brown sandals.   **i.** I never wear a white T-Shirt.
j. I usually wear warm slippers.   **k.** My brother always wears jeans.

4. Anagrams [clothes and accessories]
a. Mütze   **b.** Uhr   **c.** Anzug   **d.** Ohrringe   **e.** Schuhe   **f.** Hemd
g. Jeans   **h.** Schal   **i.** Rock   **j.** Kleid   **k.** Hut   **l.** Stiefel

5. Associations – match each body part below with the words in the box, as shown in the examples
a. der Kopf/Hut, Käppi   **b.** die Füße/Strümpfe, Schuhe, Stiefel   **c.** die Beine/Hose, Rock, Strümpfe
d. der Hals/Schal, Krawatte, Halstuch, Halskette   **e.** der Oberkörper/Jacke, Hemd, T-Shirt   **f.** die Ohren/Ohrringe
g. das Handgelenk/Uhr

6. Complete
a. Ich trage St**iefel**.   **b.** zu H**ause**   **c.** Ich habe eine goldene U**hr**.   **d.** Ich trage ein bequemes H**emd**.
e. Ich trage einen blauen A**nzug**.   **f.** Mein Bruder trägt eine **Strickjacke**.
g. Meine Freundin trägt rote S**chuhe**.

Unit 13. Talking about clothes: READING (Page 115)

1. Find the German for the following in Lisa's text
a. ich komme aus   **b.** ziemlich sportlich   **c.** viele Klamotten   **d.** von guter Qualität   **e.** nicht zu teuer
f. fünf Trainingsanzüge   **g.** mit meinem Freund   **h.** Ohrringe   **i.** ein rotes oder schwarzes Kleid   **j.** Stöckelschuhe

2. Find the German for the following in Michael's text
a. in der Schule   **b.** normalerweise   **c.** viele T-Shirts   **d.** zu Hause   **e.** Muskelshirt   **f.** eine kurze Hose
g. eine Jacke   **h.** eine schwarze Hose   **i.** Sportschuhe   **j.** was trägst du?

3. Complete the following statements about Renaud's text
a. He is **13** years old.   **b.** Above all, he likes buying **clothes, especially shoes.**
c. He has many branded shoes from **Italy**.   **d.** When it's cold, he usually wears a **coat** and **black** or **brown shoes**.
e. Sometimes he wears a **sports jacket**.

<table><tr><td>

4. Answer in German the questions below about Maria
a. Maria   **b.** aus Spanien   **c.** 12   **d.** Klamotten, die schön sind, aber nicht zu teuer   **e.** von Zara
f. eine Jacke und einen Schal aus Wolle   **g.** eine Bluse und eine kurze Hose

</td></tr></table>

5. Find someone who
a. Renaud   **b.** Michael   **c.** Michael   **d.** Lisa   **e.** Lisa   **f.** Michael   **g.** Michael   **h.** Michael

Unit 13. Talking about clothes: WRITING (Page 116)

1. Split sentences
(Zu Hause trage ich einen Trainingsanzug.)   (Wenn es draußen kalt ist, trage ich einen Mantel.)
(Im Fitnessstudio trage ich ein T-Shirt und eine kurze Hose.)   (Wenn es draußen warm ist, trage ich eine Bluse.)
(Ich trage nie schwarze Schuhe.)   (Wenn ich in die Disko gehe, trage ich coole Markenschuhe.)
(Ich trage einen blauen Pullover.)   (Ich trage eine blaue Weste.)

2. Complete with the correct option
a. __Wenn__ ich mit meinem __Freund__ ausgehe, trage ich immer elegante Kleidung.
b. In der Schule __trage__ ich immer eine Uniform.   **c.** Im Fitnessstudio trage ich weiße __Sportschuhe__.
d. Am Strand trage ich ein weißes __Muskelshirt__.
e. Wenn es __draußen__ heiß ist, trage ich eine kurze __Hose__ und Sandalen.
f. Zu Hause trägt mein Vater immer __einen__ Trainingsanzug von Puma oder Nike.
g. Meine Schwester trägt immer braune __Stiefel__.   **h.** Ich trage nie __Stöckelschuhe__. Ich mag das nicht.

3. Spot and correct the grammar and spelling mistakes [note: in several cases a word is missing]
a. Wenn ich __mit__ meinen Freunden ausgehe, __trage__ ich immer coole Schuhe.
b. Zu Hause __trage ich__ am __liebsten__ einen Trainingsanzug.   **c.** Ich __trage oft__ schwarze Schuhe, wenn ich ausgehe.
d. Mein Bruder __trägt__ immer eine __blaue__ Hose.   **e.** In __der__ Schule __trage ich__ immer eine Uniform.
f. Er __trägt immer__ Markenklamotten.   **g.** Wenn es draußen kalt __ist__, trage ich einen __warmen__ Mantel.
h. Ich __trage__ gern ein __grünes__ Kleid.

4. Complete the words   **a.** Rock   **b.** Anzug   **c.** Ohrringe   **d.** Hose   **e.** Schuhe   **f.** Schal   **g.** Trainingsanzug

5. Guided writing – write 3 short paragraphs in the first person [I] using the details below
Anton: Ich wohne in Basel. Zu Hause trage ich einen Trainingsanzug und Sportschuhe. Wenn ich ausgehe, trage ich braune Stiefel. Ich trage nie Ohrringe.
Vera: Ich wohne in München. Zu Hause trage ich weiße T-Shirts. Wenn ich ausgehe, trage ich Jeans und schwarze Schuhe. Ich trage nie eine Uhr.
Annette: Ich wohne in Linz. Zu Hause trage ich Jeans und ein T-Shirt. Wenn ich ausgehe, trage ich ein Kleid und Ohrringe. Jedoch trage ich nie einen Schal.

6. Describe this person in German using the 3rd person
Er heißt Ron und wohnt in London. Er ist zwanzig Jahre alt. Er hat ein Haustier: eine schwarze Spinne, stell dir vor! Ron hat blonde Haare und grüne Augen. Er trägt immer Anzüge und nie Jeans. Im Fitnessstudio trägt er einen Trainingsanzug von Adidas.

Grammar Time 11: TRAGEN + indef. art. + adj. + noun. Drills (Page 118)

1. Complete the table
(bequem/__comfy__)   (__modisch__/trendy)   (__blau__/blue)   (kurz/__short__)   (warm/__warm__)   (__schwarz__/black)
(__schön__/beautiful)   (gestreift/__stripy__)   (__neu__/new)

2. Translate into English
a. I wear a comfy suit.   **b.** You wear a blue blouse.   **c.** My friend wears a stylish shirt.
d. They wear stylish high heels.   **e.** Do you wear a grey or a blue uniform?   **f.** I wear a beautiful top.
g. He wears a stripy tie.   **h.** My sister wears a trendy skirt.   **i.** Sometimes I wear a red T-shirt.
j. I wear an old hoody.

3. Provide the correct adjective ending
Ich trage….
a. einen schön**en** Mantel   **b.** eine neu**e** Bluse   **c.** rot**e** Pantoffeln   **d.** keine sauber**en** Socken
e. ein grün**es** Kleid   **f.** hellblau**e** Schuhe   **g.** ein gestreift**es** Hemd   **h.** eine rot**e** Weste
i. einen modisch**en** Pulli

4. Complete with the missing adjective
a. Ich trage eine **goldene** Uhr.   **b.** Er trägt eine **lange** Hose.
c. Wir tragen **braune** Sandalen.   **d.** Du trägst einen **grauen** Kapuzenpulli.
e. Ich trage einen **warmen** Schal.   **f.** Sie trägt ein Paar **schwarze** Schuhe.
g. Mein Opa trägt ein **weißes** Hemd.   **h.** Ich trage eine **schicke** Jacke.

5. Translate into German
a. Ich trage…   **b.** einen schwarzen Schal.   **c.** einen bequemen Kapuzenpulli.   **d.** eine gelbe Bluse.
e. eine graue Hose.   **f.** braune Schuhe.   **g.** eine gestreifte Krawatte.

6. Translate into German
a. Ich trage ein blaues Kleid und weiße Schuhe.   **b.** Peter trägt ein braunes Hemd und einen schwarzen Gürtel.
c. Trägst du eine bequeme Uniform?   **d.** Tragt ihr weiße Sportschuhe?   **e.** Ich trage saubere Socken.
f. Wir tragen bequeme Sandalen und kurze Hosen.   **g.** Sie trägt eine weiße Bluse und einen blauen Rock.

Grammar Time 12: Word order in subordinate clauses. DRILLS (Page 120)

1. Match
(da/as)   (wenn/when)   (obwohl/although)   (weil/because)   (damit/so that)   (dass/that)   (bevor/before)

2. Pick the correct option
a. Ich mag meinen Onkel, **weil** er supernett ist.   **b.** Ich esse gern Fastfood, **obwohl** es ungesund ist.
c. Ich trage ein T-Shirt, **wenn** es heiß ist.   **d.** Ich denke, **dass** Spinat sehr lecker ist.
e. **Bevor** ich ins Bett gehe, esse ich oft einen Snack.   **f.** Ich wohne in Köln, **obwohl** ich aus Berlin komme.
g. **Weil** ich Hunde liebe, haben wir einen Hund zu Hause.

3. Split sentences
a. Ich mag meinen Bruder, obwohl er oft nervig ist.   **b.** Ich esse oft Gemüse, weil es gesund ist.
c. Meine Tante findet ihre Arbeit super, da sie gut bezahlt ist.   **d.** Ich liebe Schokolade, weil sie süß und lecker ist.
e. Mein Vater denkt, dass Fastfood ungesund ist.   **f.** Ich trage eine Uniform, wenn ich in der Schule bin.
g. Mein Freund trägt eine dunkle Sonnenbrille, damit er cool aussieht.

4. Complete with a subordinate conjunction from the box below
a. Ich mag meinen Opa, **weil** er sehr großzügig ist.   **b.** Ich esse oft Schokolade, **wenn** ich Hunger habe.
c. **Obwohl** er oft gemein zu mir ist, liebe ich meinen Bruder.   **d.** Wir machen viel Sport, **da** es gesund ist.
e. Ich mache Muskeltraining, **damit** ich cool aussehe.

5. Connect the clauses, using the subordinate conjunction given in brackets
a. Ich trage oft Sandalen, wenn es heißt ist.
b. Ich trinke oft Orangensaft, weil er gesund und lecker ist.
c. Ich trage oft Stöckelschuhe, obwohl es unbequem ist.
d. Ich esse ein Stück Kuchen, wenn ich nach Hause komme.
e. Ich denke, dass es sehr ungesund ist.
f. Ich gehe ins Fitnessstudio, damit ich stark werde.

6. Underline all subordinate clauses in the text below
Hallo Leute! Ich heiße Arne. **Obwohl ich aus Österreich komme**, wohne ich in München, im Süden von Deutschland. **Wenn ich zu Hause bin**, trage ich am liebsten einen Trainingsanzug. Das ist das Allerbeste, **weil es total bequem ist**. Außerdem trage ich immer Kopfhörer, **obwohl das meine Mutter nervig findet**. Sie denkt, **dass es schlecht für meine Ohren ist**. Aber ich trage das, **damit ich laut Musik hören kann**. Ist doch klar, oder?

1. Complete (numbers)   **a.** 100 = hun**dert**   **b.** 90 = neun**zig**   **c.** 30 = dr**eißig**   **d.** 50 = fün**fzig**
e. 80 = ach**tzig**   **f.** 60 = sech**zig**   **g.** 40 = vier**zig**

2. Translate into English   **a.** suit   **b.** juice   **c.** chicken   **d.** skirt   **e.** schnitzel   **f.** water   **g.** meat
h. socks   **i.** fish   **j.** scarf   **k.** shoes   **l.** vegetables   **m.** coffee   **n.** dinner

3. Write a word for each letter in the categorie below

Buchstabe	Kleidung	essen und trinken	Zahlen	Jobs
S	Schuhe, Socken, Stöckelschuhe	Saft, Salat, Schnitzel	sechs, sieben	Schauspieler
H	Hose, Hemd, Hut	Hähnchen	hundert	Hausmann, Hausfrau
B	Bluse	Brot, Bier	-	Buchhalterin, Bauer
E	-	Ei, Eis	eins, elf	Englischlehrer
A	Anzug	Apfelsaft	acht	Arzt, Anwältin

4. Match up

(ich trage/I wear)   (ich habe/I have)   (ich bin/I am)   (ich esse gern/I like eating)   (ich trinke/I drink)
(ich arbeite/I work)   (ich wohne/I live)   (ich heiße/my name is)   (ich komme aus/I come from)
(es gibt/there is/are)   (ich habe auch/I also have)   (ich esse oft/I often eat)

5. Translate into English
a. I often wear brown boots.   **b.** I always eat muesli for breakfast.   **c.** I work as a lawyer in the city.
d. I like drinking hot chocolate.   **e.** I don't like eating meat.   **f.** I often eat noodles with tomato sauce.
g. My mother is a businesswoman.   **h.** I have no branded clothes.   **i.** I like eating salad for lunch.

UNIT 14

Unit 14. Free time: VOCABULARY BUILDING – Part 1 [Weather] (Page 124)

1. Match up
(ich spiele Schach/I play chess)   (ich gehe joggen/I go jogging)   (ich gehe reiten/I go horse-riding)
(ich spiele Karten/ I play cards)   (ich mache Karate/I do karate)   (ich gehe schwimmen/I go swimming)
(ich gehe wandern/I go hiking)   (ich spiele Basketball/I play basketball)

2. Complete with the missing word
a. Ich spiele **Schach**.   **b.** Ich gehe **reiten**.   **c.** Ich spiele **Karten**.   **d.** Ich gehe **Rad** fahren.
e. Ich spiele **Basketball**.   **f.** Ich gehe **angeln**.   **g.** Ich gehe **wandern**.   **h.** Ich gehe **klettern**.
i. Ich gehe **joggen**.   **j.** Ich mache meine **Hausaufgaben**.

3. Translate into English
a. I go cycling every day.   **b.** I often go rock climbing.   **c.** I go rock climbing twice a week.
d. I go riding with my father.   **e.** When the weather is bad, I play chess or cards.   **f.** I play basketball very often
g. I rarely go to the sports centre.   **h.** I often go to my friend's house.   **i.** I go to the beach every day.
j. I go fishing every weekend   **k.** When the weather is good, I play golf.

4. Broken words
a. Ich gehe rei**ten**.   **b.** Ich gehe schw**immen**.   **c.** Ich gehe ang**eln**.   **d.** Ich gehe Rad fa**hren**.
e. Ich spiele Sch**ach**.   **f.** Ich mache Leichtath**letik**.   **g.** Ich spiele Kar**ten**.   **h.** Ich gehe Ski fa**hren**.

5. ich 'spiele', 'mache' or 'gehe'?
a. Ich **mache** Karate.   **b.** Ich **gehe** Rad fahren.   **c.** Ich **spiele** Schach.   **d.** Ich **spiele** Karten.
e. Ich **gehe** schwimmen.   **f.** Ich **gehe** ins Kino.   **g.** Ich **spiele** Tennis.   **h.** Ich **mache** Krafttraining.
i. Ich **gehe** klettern.

6. Bad translation – spot any translation errors and fix them
a. I never go <u>hiking</u>.   **b.** I play chess with my <u>grandad</u>.   **c.** I go climbing every <u>day</u>.
d. When the weather is nice, I go <u>jogging</u>.   **e.** I go <u>skiing</u> once a week.   **f.** I quite often play <u>chess</u>.
g. I like going <u>rock climbing</u>.

Unit 14. Free time: READING (Page 125)

1. Find the German for the following in Thomas' text
a. ich mache viel Sport   **b.** mein Lieblingssport   **c.** klettern
d. jeden Tag   **e.** wenn das Wetter schlecht ist   **f.** ich spiele auch gern
g. Stell dir vor!   **h.** ich mache das sehr oft

2. Find the German in Ronan's text for
a. ich gehe gern Rad fahren   **b.** mit meinen Freunden   **c.** ab und zu   **d.** ich hasse Schwimmen
e. in die Disko   **f.** ich gehe klettern   **g.** mit meinem Freund Julian   **h.** abends

3. Complete the following statements about Verónica
a. She is from <u>Barbastro</u> in <u>Spain</u>.   **b.** She is quite <u>nice</u> and <u>funny</u>.
c. She likes playing videogames and <u>listening to music</u>. **d.** When the weather is nice she goes <u>jogging in the park</u>.
e. She also plays tennis with her <u>brother</u>.   **f.** She doesn't enjoy the gym nor the <u>swimming pool</u>.

4. List 8 details about Nicola
1 English   2 Likes to read a lot   3 Likes to play cards and chess   4 Not so sporty   5 Sometimes goes to the gym
6 When the weather is nice she goes hiking   7 She has a dog called Doug   8 Her dog is white and very big.

5. Find someone who…
a. Nicola   **b.** Ronan   **c.** Thomas   **d.** Nicola   **e.** Ronan

Unit 14. Free time: TRANSLATION (Page 126)

1. Gapped translation
a. I <u>often</u> go to the nightclub.   **b.** I play <u>chess</u> every day.   **c.** I play tennis <u>quite often</u>.
d. Ich spiele sehr gern <u>Karten</u>.   **e.** Ich gehe gern <u>schwimmen</u>.   **f.** <u>Sometimes</u>, I go climbing.
g. I never do <u>weight lifting</u>.   **h.** Wenn es <u>sonnig</u> ist, gehe ich joggen.

2. Translate to English
a. very   **b.** every weekend   **c.** when the weather is bad   **d.** to my friend's house   **e.** never
f. every day   **g.** I go rock climbing   **h.** I go to the night club   **i.** I go fishing

3. Translate into English
a. I often go fishing with my father.   **b.** I play cards with my brother every day.
c. I often go rock climbing with my mother.   **d.** I like playing chess with my best friend.
e. I play PlayStation every day with my brother.   **f.** I go to the nightclub every Saturday with my friends.
g. I often play Monopoly with my friend Mia.

4. Translate into German
a. Freizeit **b.** Klettern **c.** Schwimmen **d.** Angeln **e.** Krafttraining **f.** Computerspiele **g.** Schach **h.** Karten
i. Wandern **j.** Joggen

5. Translate into German
a. Ich gehe joggen.   **b.** Ich spiele gern Schach.
c. Ich gehe oft klettern.   **d.** Ich gehe mit meinem Bruder schwimmen.
e. Ich mache oft Karate.   **f.** Ich mache mit meinen Freunden Yoga.
g. Ich gehe jedes Wochenende in die Disko.   **h.** Ich spiele oft Computerspiele.
i. Ich gehe gern Fahrrad/Rad fahren.   **j.** Ich spiele zweimal pro Woche Fußball.

<h1 style="text-align:center">Unit 14. Free time: WRITING (Page 127)</h1>

1. Split sentences

(Ich gehe nie ins Sportzentrum.)   (Ich spiele mit meinem Bruder Schach.) (Ich gehe oft zu meiner Freundin.)
(Ich gehe jeden Tag joggen.)   (Ich spiele sehr gern Karten.)   (Ich mache oft Karate.)
(Ich gehe sehr gern ins Fitnessstudio.)   (Ich gehe in den Bergen klettern.)

2. Complete the sentences

a. Ich **gehe** manchmal joggen.   **b.** Manchmal **spiele** ich Schach.
c. Ich **gehe** ab und zu klettern.   **d.** Ich **gehe** oft reiten.
e. Ich **spiele** oft Tennis.   **f.** Ich **gehe** zu meinem Freund.
g. In meiner **Freizeit** gehe ich oft ins Kino.   **h.** Ich **gehe** manchmal ins Sportzentrum.
i. Ich **mache** meine Hausaufgaben.

3. Spot and correct mistakes [note: in some cases a word is missing]

a. Ich **spiele** oft Tennis. **b.** Ich spiele gern **Schach**. **c.** Ich gehe zu **meinem** Freund. **d.** Ich **gehe** fast nie Fahrrad fahren.
e. Ich mache **meine** Hausaufgaben.   **f.** Ich **gehe** schwimmen.   **g.** Ich mache **Krafttraining**.

4. Complete the words

a. Scha**ch**   **b.** Leichtath**letik**   **c.** Kl**ettern**   **d.** Computer**spiele**   **e.** Rei**ten**   **f.** Ang**eln**   **g.** Schw**immen**

5. Write a paragraph for each of the people below in the first person singular (I) [Example answers]

Laura: Ich gehe gern wandern. Ich mache das jeden Tag mit meinem Freund. Jedoch mag ich Schwimmen nicht, denn ich hasse das Wasser.

Dylan: Ich mache gern Krafttraining. Ich mache das oft mit meinem Freund James. Aber ich hasse Fußball, weil es ungesund ist.

Oskar: Ich gehe total gern Ski fahren, wenn das Wetter schön ist. Ich mache das allein. Ich gehe auch oft reiten, weil ich Pferde liebe!

Grammar Time 13: SPIELEN, MACHEN, GEHEN + Use of adverbials (Page 129-130)

1. Match the adverbials

(heute/today)   (nach der Schule/after school)   (mit meinem Freund/with my friend)   (manchmal/sometimes)
(in den Park/to the park)   (mit mir/with me)

2. Complete with the missing adverbials

a. Ich spiele **jeden Tag** Karten.   **b.** Er spielt **oft** Basketball.
c. Wir spielen **den ganzen Tag** Tennis.   **d.** Ich gehe **alleine** an den Strand.
e. Gehst du **heute** angeln?   **f.** Wir gehen **nach der Schule** reiten.
g. **Manchmal** mache ich nichts.   **h.** Ich gehe **mit meinen Freunden** schwimmen.
i. Sie macht **abends** Hausaufgaben.

3. Complete with the missing verb

a. Ich **gehe** oft angeln.   **b.** Du **machst** selten Sport.
c. Heute **spiele** ich Schach.   **d.** Nach der Schule **mache** nichts.
e. Wir **gehen** jedes Wochenende in den Bergen wandern.   **f.** Mein Freund **spielt** am Nachmittag Tennis.
g. **Gehst** du oft joggen?

4. Underline SV and circle VS

a. **Ich gehe** gern an den Strand.   **b.** Nach der Schule **gehe ich** Rad fahren.
c. **Sie geht** nach der Schule reiten.   **d.** Mit meinen Eltern **gehe ich** oft klettern.
e. Manchmal **spielen wir** auch Karten.   **f.** **Mein Bruder spielt** immer Trompete.
g. **Ich mache** jeden Tag Sport.   **h.** An den Strand **gehe ich** nicht oft.
i. Wann **gehst du** ins Schwimmbad?   **j.** **Klettern wir** heute?
k. **Ich gehe** am Wochenende reiten.

5. Complete with the missing subject and verb. Take care to put them in the right order (SV or VS)!

a. **Ich mache** jeden Tag mit meiner Mutter Leichtathletik. **b.** Manchmal **spiele ich** Squash im Sportzentrum.
c. Sonntags **gehe ich** mit meinen Freunden angeln. **d.** **Gehen wir** am Wochenende ins Kino?
e. **Ich gehe** oft mit meiner Freundin Julia an den Strand. **f.** Ab und zu **machen sie** Karate.
g. Wenn es heiß ist, **esse ich** ein Eis. **h.** Was **machst du** in deiner Freizeit?
i. **Sie spielt** jeden Tag Basketball.

7. Complete with *macht, spielt* or *geht* as appropriate

a. Meine Mutter **macht** nie Sport, sie ist so faul!
b. Mein Vater **geht** selten in die Kirche, aber ich gehe oft. Und du?
c. Mein Freund Selim **geht** jeden Freitag in die Moschee.
d. Mein Großvater **spielt** immer Karten mit mir.
e. Mein großer Bruder **macht** Karate, stell dir vor, er hat einen schwarzen Gürtel!
f. Mein Freund Dieter **spielt** immer PlayStation.
g. Mein kleiner Bruder **geht** jeden Tag Rad fahren.
h. Meine Oma **geht** jeden Tag an den Strand

8. Complete with *spielen, machen* or *gehen* as appropriate

a. Meine Freunde **spielen** oft Basketball. **b.** Meine Brüder **machen** jeden Tag Sport.
c. Wir **spielen** oft Fußball, das ist klasse! **d.** Meine Eltern **gehen** gern schwimmen.
e. Meine Cousins **machen** Karate, cool!
f. Mein Freund und ich, wir **gehen** jedes Wochenende ins Kino. Das ist super!
g. Mein Onkel und meine Tante **gehen** oft wandern. Ich finde das cool.
h. Meine Freunde **gehen** oft klettern. **i.** **Gehen** Sie gern reiten?
j. Meine Freunde Lisa und Franz **spielen** sehr gut Schach, stell dir vor!
k. Sie **gehen** samstags immer ins Schwimmbad. Wie langweilig!
l. Was **machen** Sie am Wochenende? **m.** Wir **gehen** an den Strand.
n. Was **machen** deine Freunde? **o.** Ich denke, sie **machen** nichts.

9. Translate into English

a. I never play tennis. **b.** She often does her homework. **c.** We go to church every weekend.
d. They don't often go to the swimming pool. **e.** When the weather is nice, they go to the park.
f. My grandad likes playing chess with me. **g.** When it rains, I go to the gym.

10. Translate into German

a. Wir gehen nie ins Schwimmbad. **g.** Mein Vater und ich spielen oft Badminton.
b. Sie machen selten Sport. **h.** Meine Schwester spielt zweimal pro Woche Tennis.
c. Sie spiel jeden Tag Basketball. **i.** Ich gehe samstags ins Schwimmbad.
d. Wenn das Wetter schön ist, gehe ich joggen. **j.** Wenn das Wetter schlecht ist, gehe ich ins Fitnessstudio.
e. Ich gehe selten Rad fahren. **k.** Sie machen selten ihre Hausaufgaben.
f. Ich gehe oft klettern. **l.** Wir spielen nie Schach.

Grammar Time 14: 3 types of linking words (Page 132)

1. Match

(weil/because) (jedoch/however) (obwohl/even though) (denn/because)
(und/and) (aber/but) (außerdem/furthermore) (oder/or)

2. Pick the correct option

a. Ich heiße Lisa **und** ich bin vierzehn Jahre alt. **b.** Ich wohne in Berlin, **aber** ich komme aus Hamburg.
c. Mein Vater kommt aus Köln, **jedoch** wohnt er in Wien. **d.** Ich kann gut singen, **jedoch** kann ich nicht tanzen.
e. Ich mag meine Oma, **weil** sie immer nett zu mir ist. **f.** Ich mag meine Schwester, **jedoch** ist sie oft launisch.
g. Ich habe eine Katze, **aber** du hast einen Hund.
h. Meine Mutter mag ihre Arbeit nicht, **denn** sie ist nicht gut bezahlt.

3. What type of linking word is it?   **a.** *type 1*   **b** . *type 3*   **c.** *type*   **d.** *type 1*   **e.** *type 1*   **f.** *type 2*

4. Complete with a word from the table below
a. Ich heiße Martin **und** ich bin zwölf Jahre alt.   **b.** Ich esse oft Fastfood, **weil** es superlecker ist.
c. Ich liebe meinen Bruder, **obwohl** er nicht so nett ist.   **d.** Am Freitag gehe ich ins Kino **oder** ich bleibe zu Hause.
e. Ich kann gut Fußball spielen, **aber** ich kann nicht singen.
f. Ich habe einen Lieblingsonkel, **jedoch** wohnt er in Afrika.
g. Ich finde Bananen lecker, **denn** sie schmecken total gut.
h. Meine Oma ist total lustig, **außerdem** kann sie super kochen.

5. Spot the word order error in the <u>second clause of each sentence</u> and re-write it correctly
a. Ich kann gut tanzen, <u>aber **ich kann**</u> nicht schwimmen.   **b.** Ich esse oft Gemüse, <u>weil es lecker **ist**</u>.
c. Meine Mutter ist nett, <u>außerdem **ist sie**</u> sehr hilfsbereit.   **d.** Ich mag meinen Opa, <u>jedoch **ist er**</u> sehr geizig.
e. Ich esse oft Pommes, <u>obwohl es ungesund **ist**</u>.   **f.** Ich gehe nicht in den Garten, <u>weil es **regnet**</u>.
g. Ich mag meinen Bruder nicht, <u>denn **er ist**</u> doof.

UNIT 15

Unit 15. Talking about weather and free time: VOCABULARY BUILD. 1 (Page 135)

1. Match up
(Wenn/When)   (… es kalt ist/it is cold)   (… es heiß ist / it is hot)   (… das Wetter schön ist / the weather is nice)
(… das Wetter schlecht ist / the weather is bad)   (… es bewölkt ist / it is cloudy)   (… es regnet / it's raining)

2. Complete with the missing word
a. wenn das Wetter **schlecht** ist   **b.** wenn es **regnet** und **kalt** ist   **c.** wenn es **sonnig** und **heiß** ist
d. Wenn es stürmisch ist, **bleibe** ich zu Hause.   **e.** Wenn das Wetter **schön** ist, gehe ich in den Park.
f. Wenn es **schneit**, gehe ich Ski fahren.   **g.** Wenn das Wetter **schlecht** ist, bleibt mein Freund zu Hause.
h. Ich mag es, wenn es **sonnig** ist.

3. Translate into English
a. It is cloudy.   **b.** When it rains, …   **c.** When it's cold, …   **d.** When it's hot, …   **e.** When it snows, …
f. When the weather is nice, …   **g.** When it's foggy, …   **h.** … I play tennis   **i.** … I go skiing   **j.** … I stay at home.

4. Associations – match each weather word below with the clothes/activities in the box
1. das Wetter ist schlecht: Sturm, Wind, Regen – ich mache nichts, ich bleibe zu Hause, ich sehe fern, ich trage einen Schlafanzug
2. das Wetter ist schön: Sonne und Hitze – ich gehe an den Strand, ich trage eine kurze Hose, einen Badeanzug und einen Hut
3. es schneit und es ist kalt: ich fahre in die Berge, ich trage Schneestiefel und einen Schal, ich gehe Ski fahren

5. Anagrams [weather]
a. kalt   **b.** schön   **c.** neblig   **d.** regnet   **e.** bewölkt   **f.** schlecht   **g.** heiß   **h.** stürmisch   **i.** windig   **j.** sonnig   **k.** Wetter   **l.** gut

6. Complete
a. Das Wetter ist **schön**.   **b.** Ich bleibe zu H**ause**.   **c.** Wenn es **regnet**.   **d.** Ich **mag** es, wenn es sonnig ist.
e. Ich **gehe** an den Strand.   **f.** wenn es stürmisch **ist**   **g.** wenn es **heiß** ist   **h.** wenn es **bewölkt** ist

Unit 15. Talking about weather and free time: VOCABULARY BUILD. 2 (Page 136)

1. Match up
(ich spiele Tennis/I play tennis)   (ich spiele Karten/I play cards)   (ich gehe reiten/I do horse-riding)
(ich gehe aus/I go out)   (Max geht fischen/Max goes fishing)   (in seinem Zimmer/in his bedroom)
(ich bleibe zu Hause/I stay at home)   (schwimmen/swimming)

2. Complete with the missing word
a. Ich bleibe <u>in</u> meinem Zimmer.   **b.** Mein Freund <u>geht</u> in den Park.
c. Ich gehe zu <u>meinem</u> Freund.   **d.** Manchmal gehe ich ins <u>Sportzentrum</u>.
e. Unter der Woche <u>mache</u> ich immer meine Hausaufgaben.
f. Ich mag das <u>Wochenende</u>, weil ich mit meinen Freunden spiele.
g. Meine Freundin Vero <u>geht</u> immer zu <u>ihrem</u> Freund.   **h.** Ich gehe immer <u>klettern</u>.

3. Translate into English
a. I go to my friend's house.   **b.** I go riding.   **c.** It is cloudy.   **d.** I go cycling.
e. He goes jogging.   **f.** He goes to the sports centre.   **g.** I go to the swimming pool.   **h.** He does sport.

4. Anagrams [activities]
a. joggen   **b.** schwimmen   **c.** wandern   **d.** reiten   **e.** Basketball   **f.** Fußball
g. Karten   **h.** Schach   **i.** Rad fahren   **j.** zu meinem Freund   **k.** angeln   **l.** tanzen

5. Broken words
a. Ich spiele mit meinen Freunden Fußball.   **b.** Meine Tante Maria spielt Karten.
c. Ich gehe zu meinem Freund.   **d.** Jens geht ins Sportzentrum.
e. Ich gehe reiten, wenn es sonnig ist.   **f.** Mein Freund bleibt zu Hause   **g.** und macht Hausaufgaben.

6. Complete
a. Ich mache <u>Hausaufgaben</u>.   **b.** Er <u>bleibt</u> zu Hause.   **c.** Er <u>geht</u> schwimmen.
d. Ich <u>gehe</u> ins Fitnessstudio.   **e.** Sie geht ins <u>Kino</u>.   **f.** Ich bleibe zu <u>Hause</u>.
g. Ich gehe <u>klettern</u>.   **h.** Ich gehe <u>Ski</u> fahren,   **i.** wenn es <u>schneit</u>.   **j.** in meinem <u>Zimmer</u>

Unit 15. Talking about weather and free time: READING (Page 137)

1. Find the German for the following in Pietro's text
a. ich komme aus   **b.** ich bin elf Jahre alt   **c.** deshalb mag ich es
d. wenn die Sonne scheint   **e.** wenn es heiß ist   **f.** in den Park
g. mit meinem Hund   **h.** sehr klein   **i.** an den Strand   **j.** einen Badeanzug

2. Find the German for the following in Chloe's text
a. wenn es heiter ist   **b.** immer   **c.** ins Schwimmbad   **d.** ich gehe auch oft   **e.** ein bisschen langweilig
f. ich gehe mit meinen Freunden aus   **g.** ein Hemd   **h.** heißt   **i.** sie bleibt   **j.** zu Hause

3. Complete the following statements about Isabela's text
a. She is <u>15</u> years old.   **b.** She likes buying <u>T-shirts</u> and <u>jackets.</u>   **c.** She loves it when it is <u>stormy</u> outside.
d. When it's stormy, she plays <u>computer games</u> or <u>cards</u> with her <u>little</u> brother   **e.** Isabela does not like <u>cold</u> weather.
f. Her pet can <u>speak</u> Italian.

4. Answer in German the questions below about Ana Laura
a. Brasilien   **b.** 12   **c.** singen   **d.** Kälte   **e.** ins Einkaufszentrum   **f.** Sie bleibt zu Hause.
g. Sie mag die Hitze nicht.   **h.** Frozen 2

5. Find someone who
a. Chloé   **b.** Chloé   **c.** Ana Laura   **d.** Isabela   **e.** Isabela   **f.** Chloé   **g.** Pietro   **h.** Ana Laura   **i.** Chloé's Vater

Unit 15. Talking about weather and free time: WRITING (Page 138)

1. Split sentences
(Ich mag es, wenn es kalt ist.)   (Ich mag es nicht, wenn es regnet.)
(Wenn das Wetter schlecht ist, bleibe ich zu Hause.)   (Wenn es heiß ist, gehe ich an den Strand.)
(Unwetter sind sehr schön.)   (Wenn das Wetter schön ist, gehe ich an den Strand.)
(Wenn es sehr kalt ist, trage ich einen warmen Mantel.)   (Wenn es schneit, gehe ich Ski fahren.)

2. Complete with the correct option

a. <u>**Wenn**</u> es kalt ist, trage ich einen Schal.
b. Unter der <u>**Woche**</u> mache ich meine Hausaufgaben.
c. Wenn es <u>**regnet**</u>, <u>**bleibe**</u> ich zu Hause.
d. Wenn es neblig <u>**ist**</u>, gehe ich nicht Ski <u>**fahren**</u>.
e. Wenn es <u>**windig**</u> ist, gehe ich surfen.
f. Wenn es <u>**sonnig**</u> ist, gehe ich wandern auf dem Land.
g. Wenn das Wetter <u>**schlecht**</u> ist, bleibt mein Freund Alex in <u>**seinem**</u> Zimmer.

3. Spot and correct the grammar and spelling mistakes [note: in several cases a word is missing]

a. Wenn es windig ist, <u>**gehe ich**</u> ins Fitnessstudio.
b. Wenn es neblig <u>**ist**</u>, spielt meine Freundin Mia Tennis.
c. Ich liebe Unwetter, denn sie <u>**sind**</u> sehr schön.
d. Wenn das Wetter schlecht <u>**ist**</u>, bleibe ich zu <u>**Hause**</u>.
e. Wenn es neblig ist, <u>**spiele**</u> ich nicht gern Golf.
f. Am Wochenende gehe ich mit meinem Hund an <u>**den**</u> Strand.
g. Wenn es sonnig ist, <u>**trage**</u> ich ein weißes <u>**Hemd**</u>.
h. Ich <u>**trage**</u> immer Sportschuhe, wenn ich Fußball <u>**spiele**</u>.
i. Du <u>**trägst**</u> gern warme Klamotten, wenn es kalt <u>**ist**</u>.

4. Complete the words

a. kalt   **b.** heiß   **c.** bewölkt   **d.** wenn   **e.** sonnig   **f.** windig   **g.** neblig

5. Guided writing – write 3 short paragraphs in the first person [I] using the details below

Matthias: Ich wohne in Köln. Wenn das Wetter gut ist, gehe ich mit meinen Freunden in den Park.
Ingrid: Ich wohne auf Sylt. Wenn es sonnig und windig ist, gehe ich mit meinem Hund an den Strand.
Chris: Ich wohne in Wien. Wenn es kalt ist und regnet, bleibe ich mit meiner kleinen Schwester zu Hause.

6. Describe this person in German using the 3rd person (she)

Sie heißt Hanna und wohnt in Rostock. Sie ist dreizehn Jahre alt und sie hat einen braunen Hund. Wenn das Wetter schön und warm ist, geht Hanna in den Park und spielt mit ihren Freunden Fußball. Sie bleibt nie zu Hause und macht Hausaufgaben.

Grammar Time 15: SPIELEN, MACHEN, GEHEN (Part 2): Drills (Page 140)

1. Complete with the one of the following verbs: *habe – gehe – bin – spiele – mache*

a. ich <u>**mache**</u> Sport
f. ich <u>**habe**</u> einen Hund
k. ich <u>**gehe**</u> Rad fahren
b. ich <u>**gehe**</u> in den Park
g. ich <u>**bin**</u> fünfzehn Jahre alt
l. ich <u>**spiele**</u> Schach
c. ich <u>**habe**</u> eine Katze
h. ich <u>**habe**</u> zwei Haustiere
m. ich <u>**bin**</u> glücklich
d. ich <u>**spiele**</u> Fußball
i. ich <u>**gehe**</u> ins Kino
n. ich <u>**habe**</u> braune Augen
e. ich <u>**spiele**</u> Karten
j. ich <u>**gehe**</u> klettern
o. ich <u>**habe**</u> blonde Haare

2. Rewrite the sentences in the first column in the third person singular

er/sie spielt Tennis;   er/sie geht ins Kino;   er/sie hat eine Katze;
er/sie ist groß;   er/sie macht Yoga

3. Translate into English

a. We go swimming.   **b.** We play chess.   **c.** They don't do anything.   **d.** They go to the cinema.
e. We have two dogs.   **f.** You do homework.   **g.** He has no siblings.   **h.** I don't come from Zurich.
i. What are you doing?

4. Complete

a. Ich <u>**gehe**</u> ins Schwimmbad.
b. Meine Mutter g<u>**eht**</u> ins Kino.
c. Wir g<u>**ehen**</u> oft ins Kino.
d. Mein Bruder h<u>**at**</u> eine Katze.
e. Sie s<u>**ind**</u> dreizehn Jahre alt, aber ich b<u>**in**</u> elf.
f. Meine Eltern h<u>**aben**</u> rote Haare.
g. Mein Bruder und ich m<u>**achen**</u> Kampfsport.

5. Complete with the appropriate verb

a. Ich <u>**gehe**</u> oft mit meinen Eltern ins Kino.
b. Meine Schwester und ich <u>**gehen**</u> in den Park.
c. Meine Mutter <u>**hat**</u> lange blonde Haare.
d. Mein Cousin <u>**ist**</u> sehr groß und sportlich.
e. Meine Brüder <u>**gehen**</u> oft an den Strand.
f. Wenn das Wetter gut ist, <u>**macht**</u> er Sport.
g. Sie <u>**spielen**</u> am liebsten Volleyball.
h. Was <u>**machst**</u> du am liebsten in deiner Freizeit?

6. Translate into German

a. Ich spiele oft Tennis im Park.　　**b.** Meine Mutter geht am Wochenende in die Stadt.
c. Mein Bruder ist groß und dünn.　　**d.** Er hat blonde Haare und blaue Augen.
e. Mein Vater ist vierzig Jahre alt.　　**f.** Mein Bruder geht ins Fitnessstudio.　　**g.** Sie gehen oft ins Schwimmbad.

Revision Quickie 4: Clothes/Free time/Weather (Page 141)

1. Activities - Match

(Ich mache Hausaufgaben/I do the homework)　　(Ich mache Sport./I do sport)
(Ich spiele Basketball/I play basketball)　　(Ich spiele Karten/ I play cards)
(Ich gehe ins Kino/I go to the cinema)　　(Ich gehe ins Schwimmbad/I go to the swimming pool)
(Ich gehe ins Fitnessstudio/I go to the gym)　　(Ich gehe shoppen/I go shopping)
(Ich gehe schwimmen/I go swimming)　　(Ich gehe reiten/I go horse-riding)
(Ich gehe an den Strand/I go to the beach)　　(Ich gehe klettern/I do rock climbing)

2. Weather – Complete

a. Es ist k**al**t.　　**b.** Es ist h**ei**ß.　　**c.** Es ist son**nig**.　　**d.** Es ist neb**lig**.　　**e.** Das Wet**ter** ist sch**ön**.
f. Das We**tter** is**t** schl**echt.**　　**g.** Es ist stür**misch**.　　**h.** Es ist wi**ndig**.　　**i.** Es re**gnet**.

3. Fill the gaps in German

a. Wenn es k**alt** ist, trage ich einen M**antel**.　　**b.** Wenn das W**etter** s**chlecht** ist, b**leibe** ich zu Hause.
c. Wenn die S**onne** s**cheint**, gehe ich an den S**trand**.　　**d.** Wenn ich Y**oga** mache, **trage** ich einen Tr**ainingsanzug**.
e. Wenn es h**eiß** ist, gehe ich i**ns Schwimmbad**.　　**f.** Am Wochenende m**ache** ich m**eine** H**ausaufgaben.**
g. Wenn ich Z**eit** h**abe**, **gehe ich klettern**.

4. Translate into German

a. wenn es heiß ist.　　**b.** wenn es kalt ist　　**c.** Ich spiele Basketball.　　**d.** Ich mache meine Hausaufgaben.
e. Ich gehe klettern.　　**f.** wenn ich Zeit habe　　**g.** Ich gehe ins Schwimmbad.　　**h.** Ich gehe ins Fitnessstudio.

5. Translate into German

a. Ich trage einen Mantel.　　**b.** Wir tragen eine Uniform.　　**c.** Sie spielen Basketball.　　**d.** Sie geht klettern.
e. Er hat Zeit.　　**f.** Sie gehen schwimmen.

Question Skills 3: Clothes/Free time/Weather (Page 142)

1. Translate into English

a. What do you wear when it's cold?　　**b.** What's the weather like where you live?
c. What do you do in your free time?　　**d.** Do you do sport?
e. Do you often play basketball?　　**f.** Why don't you like football?
g. Where do you do rock climbing?　　**h.** What is your favourite sport?

2. Complete with the missing question word

a. **Wo** wohnst du?　　**b.** **Welchen** Sport machst du?
c. **Was** magst du lieber: Tennis oder Schach?　　**d.** **Wann/wo/wie oft** gehst du schwimmen?
e. **Wie** findest du meine Schuhe?　　**f.** **Was** machst du gern in deiner Freizeit?
g. Mit **wem** spielst du Tennis?　　**h.** **Wie** oft gehst du reiten?
i. **Warum** spielst du nicht mit mir?

3. Split questions

(Was machst du in deiner Freizeit?)　　(Wie oft gehst du klettern?)　　(Gehst du oft ins Kino?)
(Mit wem spielst du Schach?)　　(Was trägst du am liebsten?)　　(Was macht dein Bruder nach der Schule?)
(Hast du viele Klamotten?)　　(Was für Klamotten trägst du, wenn es kalt ist?)

4. Translate into German

a. Was?　　**b.** Wo?　　**c.** Wie?　　**d.** Wann?　　**e.** Mit wem?　　**f.** Wie viel?　　**g.** Wie viele?　　**h.** Woher?　　**i.** Warum?

5. Write the questions to these answers		
a. Was trägst du, wenn es kalt ist?	**b.** Was machst du am Wochenende?	**c.** Wann gehst du ins Fitnessstudio?
d. Wie viele Trainingsanzüge hast du?	**e.** Mit wem spielst du Tennis?	**f.** Wo gehst du schwimmen?
g. Wie oft gehst du klettern?		

6. Translate into German		
a. Wo spielst du Tennis?	**b.** Was machst du in deiner Freizeit?	**c.** Wie viele Schuhe hast du?
d. Was ist dein Lieblingssport?	**e.** Machst du oft Sport?	**f.** Wann machst du deine Hausaufgaben?

UNIT 16

Unit 16. Talking about my daily routine: VOCAB BUILDING (Part 1) (Page 145)

1. Match up

(ich stehe auf/I get up)	(ich fahre zur Schule/I go to school)
(ich gehe ins Bett/I go to bed)	(ich esse zu Mittag/I have lunch)
(ich esse zu Abend/I have dinner)	(ich frühstücke/I have breakfast)
(ich entspanne mich/I relax)	(ich komme wieder nach Hause/I come home again)

2. Translate into English

a. I get up at 6 o'clock.	**b.** I go to bed at 11 o'clock.
c. I have lunch at noon.	**d.** I have breakfast at 7 o'clock.
e. I come home again at 3.30.	**f.** I have dinner at 7 o'clock.
g. I watch TV.	**h.** I listen to music.
i. I go out of the house at 7.30.	

3. Complete with the missing letters

a. Ich entspanne mich. **b.** Ich komme **c.** wieder nach Hause. **d.** Ich höre Musik. **e.** Ich frühstücke.
f. Ich esse zu Abend. **g.** Ich gehe zur Schule. **h.** Ich stehe auf. **i.** Ich gehe ins Bett. **j.** Ich esse zu Mittag.

4. Complete with the missing words

a. Ich **gehe** zur Schule. **b.** Ich gehe **aus** dem Haus. **c.** Ich **komme** wieder nach Hause. **d.** Ich **sehe** fern.
e. Ich **mache** Hausaufgaben. **f.** Ich **höre** Musik. **g.** Ich **spiele** am Computer. **h.** Ich esse um zwölf Uhr zu **Mittag**.
i. Dann **packe** ich meine Schultasche.

5. Bad translation – spot and correct any translation mistakes. Not all translations are wrong.

a. I **relax** a bit. **b.** I go to bed at **midnight**. **c.** I do **my** homework. **d.** I have **breakfast**.
e. I **go to** school. **f.** I **come home again**. **g.** I watch TV. **h.** I **go out of the house**. **i.** I **brush my teeth**.

6. Translate the following times into German

a. um halb sieben	**b.** um halb acht	**c.** um zwanzig nach acht	**d.** um zwölf Uhr mittags
e. um zwanzig nach neun	**f.** um elf Uhr abends	**g.** um Mitternacht	**h.** um Viertel nach fünf
i. um Viertel vor zehn			

Unit 16. Talking about my daily routine: VOCAB BUILDING (Part 2) (Page 146)

1. Complete the table

(ich gehe ins Bett/I go to bed)	(ich putze mir die Zähne/I brush my teeth)
(ich stehe auf/I get up)	(ich komme wieder nach Hause/I come home again)
(ich esse zu Mittag/I have lunch)	(ich frühstücke/I have breakfast)
(ich esse zu Abend/I have dinner)	(ich höre Musik/I listen to music)
(ich gehe aus dem Haus/I leave the house)	(ich sehe fern/I watch TV)
(ich entspanne mich/I relax)	(ich mache meine Hausaufgaben/I do my homework)
(ich ziehe mich an/I get dressed)	

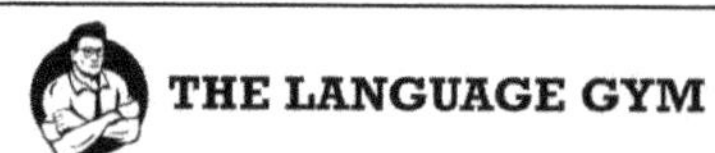

2. Complete the sentences using the words in the table below
a. um halb **acht**   **b.** **gegen** fünf Uhr   **c.** um acht Uhr **morgens**   **d.** um zwölf Uhr **mittags**
e. um Viertel nach **elf**   **f.** gegen zwanzig **vor** drei   **g.** um **Mitternacht**   **h.** gegen vier **Uhr**
i. um **fünf** nach zehn   **j.** um fünf vor **halb** neun

3. Translate into English (numerical)
a. At 8.30   **b.** At 9.15   **c.** At 11.55   **d.** At 12pm   **e.** At 12am   **f.** At 9.35   **g.** At 2.15   **h.** at 9.30pm

4. Complete
a. um halb sechs   **b.** gegen Viertel nach acht   **c.** mittags   **d.** um zwanzig vor neun
e. um Mitternacht   **f.** um fünf nach halb zwölf   **g.** gegen neun Uhr   **h.** um zehn vor drei

5. Translate into English
a. I get up at half past six.   **b.** I come home again at four o'clock.   **c.** Around 6 o'clock I watch TV
d. Around 5 o'clock I do my homework.   **e.** I eat breakfast at 6.45.   **f.** I go to bed at around 11 o'clock.
g. At 1 o'clock I have lunch.

6. Translate into English
a. Ich stehe um halb sechs auf.   **b.** Ich komme um fünf Uhr wieder nach Hause.   **c.** Gegen acht Uhr entspanne ich mich.
d. Dann sehe ich fern.   **e.** Ich frühstücke um Viertel nach acht.   **f.** Ich gehe gegen zehn Uhr ins Bett.
g. Ich mache das Licht um Mitternacht aus.

Unit 16. Talking about my daily routine: READING (Part 1) (Page 147)

1. Answer the following questions about Hiroto
a. Japan   **b.** Around 6am   **c.** My father and little brother   **d.** Around 7.30   **e.** Until 6pm   **f.** By bike

2. Find the German for the phrases below in Hiroto's text
a. gegen elf Uhr   **b.** mit meinen Freunden   **c.** ich fahre mit dem Fahrrad   **d.** dann gehe ich in den Park
e. dann dusche ich mich   **f.** ich esse nicht viel   **g.** von sechs bis sieben   **h.** danach sehe ich einen Film

3. Complete the statements below about Andreas' text
a. He gets up at **around 5am**.   **b.** He comes back from school at **3.30pm**.
c. For breakfast he eats **muesli with milk**.   **d.** He has breakfast with **his mother and sister**.
e. After getting up he **goes jogging** and then showers.   **f.** Usually **he plays on the Playstation** until midnight.
g. After breakfast, he brushes his teeth and then **packs his school bag**.

4. Find the German for the following phrases/sentences in Gregorio's text
a. ich bin aus Mexiko   **b.** dann dusche ich mich   **c.** mit meinen zwei Brüdern   **d.** dann entspanne ich mich ein bisschen
e. ich esse Reis oder Salat   **f.** meistens surfe ich im Internet   **g.** später sehe ich fern

Unit 16. Talking about my daily routine: READING (Part 2) (Page 148)

1. Find the German for the following in Yang's text
a. ich komme aus China   **b.** mein Tagesablauf   **c.** zuerst dusche ich mich   **d.** sehr einfach
e. gegen halb sieben   **f.** ich esse nicht viel   **g.** meistens sehe ich fern   **h.** und ich gehe zur Schule
i. ich mache meine Hausaufgaben   **j.** von sechs bis halb acht   **k.** ich sehe einen Film

2. Translate these items from Kim's text
a. ich bin Engländerin   **b.** meistens   **c.** gegen halb sechs   **d.** mit meiner Mutter und meiner Stiefschwester
e. ich komme wieder nach Hause   **f.** um drei Uhr   **g.** ich esse mit meiner Familie zu Abend
h. dann entspanne ich mich ein bisschen **i.** ich putze mir die Zähne

3. Answer the following questions on Anna's text
a. Italian   **b.** 6.15am   **c.** She surfs on the internet, watches TV or reads fashion magazines
d. By bus   **e.** Big sister   **f.** Around 11.30pm   **g.** Fruit or salad   **h.** An exctiting book

4. Find someone who…

a. Anna   **b.** Kim   **c.** Anna   **d.** Kim   **e.** Yang   **f.** Kim   **g.** Anna

Unit 16. Talking about my daily routine: WRITING (Page 149)

1. Split sentences

(Ich fahre mit dem Bus zur Schule.)   (Ich komme um vier Uhr wieder nach Hause.)

(Ich mache meine Hausaufgaben.)   (Ich sehe ein bisschen fern.)   (Dann spiele ich am Computer.)

(Ich stehe um sechs Uhr auf.)   (Ich gehe um Mitternacht ins Bett.)   (Ich gehe um elf aus dem Haus.)

2. Complete with the correct option

a. Ich stehe morgens **um** sieben Uhr auf.   **b.** Ich mache **meine** Hausaufgaben.

c. Ich **sehe** fern.   **d.** Ich **spiele** am Computer.

e. Ich gehe um Mitternacht ins **Bett**.   **f.** Ich komme um drei Uhr wieder **nach** Hause.

g. Ich gehe **aus** dem Haus.   **h.** Ich fahre mit dem **Bus** zur Schule.

3. Spot and correct the grammar and spelling mistakes [in several cases a word is missing]

a. Ich **fahre** mit dem **Fahrrad** zur Schule.   **b.** Ich stehe um halb acht **auf**.

c. Ich **gehe** um acht Uhr aus **dem** Haus.   **d.** Ich komme wieder **nach** Hause.

e. Ich **fahre** mit **dem** Bus zur Schule.   **f.** Ich **gehe** um elf **Uhr** ins Bett.

g. Ich **esse um Viertel** vor acht zu Abend.   **h.** Ich mache um halb sechs **meine Hausaufgaben**.

4. Complete the words

a. Vi**ertel**   **b.** h**alb**   **c.** um z**ehn** U**hr**   **d.** g**egen**   **e.** u**m** a**cht** U**hr**   **f.** zw**anzig**

g. d**ann**   **h.** z**uerst**   **i.** i**ch** k**omme** w**ieder**   **j.** i**ch** s**piele**

5. Guided writing – write 3 short paragraphs in the first person [I] using the details below

Basti: Ich stehe um halb sieben auf. Danach dusche ich mich um sieben Uhr. Um fünf nach acht fahre ich zur Schule und um halb vier komme ich wieder nach Hause. Um sechs Uhr sehe ich fern, dann esse ich zu Abend um zehn nach acht. Um zehn nach elf gehe ich ins Bett.

Luzi: Morgens stehe ich um zwanzig vor sieben auf. Um zehn nach sieben dusche ich mich, dann gehe ich um zwanzig vor acht zur Schule. Nachmittags komme ich um vier Uhr wieder nach Hause. Abends um halb sieben sehe ich fern und um Viertel nach acht esse ich zu Abend. Schließlich gehe ich um Mitternacht ins Bett.

Mehmet: Ich stehe morgens um Viertel nach sieben auf. Ich dusche mich um halb acht. Danach gehe ich zur Schule um acht Uhr und um Viertel nach drei komme ich wieder nach Hause. Später, um zwanzig vor sieben, sehe ich fern und dann esse ich um zwanzig nach acht zu Abend. Um halb zwölf gehe ich ins Bett.

Revision Quickie 5: Clothes / Food / Free Time / Describing people (Page 150-151)

1. Clothes – Match up

(ich trage/I wear)   (einen Anzug/a suit)   (eine Wollmütze/a wolly hat)   (eine Krawatte/a tie)

(einen Rock/a skirt)   (ein Kleid/a dress)   (ein Hemd/a shirt)   (ein T-Shirt/a T-shirt)

(Jeans/jeans)   (Socken/socks)   (eine Hose/trousers)

2. Food – Provide a word for each of the cues below *(example answers)*

a. Äpfel   **b.** Tomate   **c.** Jogurt   **d.** Schnitzel   **e.** Orangensaft   **f.** Apfelsaft   **g.** Eis   **i.** Erdbeeren

3. Complete the translations below

a. Schuhe   **b.** Hose   **c.** Haare   **d.** lockig   **e.** blau   **f.** Milch   **g.** Wasser   **h.** Nudeln   **i.** Arbeit   **k.** Klamotten

4. Clothes, Colours, Food, Jobs – Categories

Kleidung: Hemd; Anzug; Hut; Krawatte

Farben: orange; blau; rosa; rot

Berufe: Koch; Anwalt; Lehrerin; Journalist

Essen: Fleisch; Käse; Reis; Hähnchen

5. Match questions and answers
(Was ist dein Lieblingsberuf? Journalist)   (Was ist deine Lieblingsfarbe? Blau)
(Was isst du am liebsten zum Frühstück? Haferbrei mit Rosinen)
(Was trägst du im Fitnessstudio? Einen Trainingsanzug)   (Wer ist dein Lieblingslehrer? Mein Kunstlehrer)
(Was ist dein Lieblingsgetränk? Apfelsaft)   (Was ist dein Lieblingshobby? Schach)

6. (Free time) Complete with *mache*, *gehe* or *spiele* as appropriate
a. Ich **mache** jeden Tag Sport.   **b.** Ich **spiele** nie Basketball.   **c.** Ich **gehe** oft ins Fitnessstudio.
d. Ich **mache** immer meine Hausaufgaben.   **e.** Manchmal **spiele** ich am Computer.
f. Heute **gehe** ich nicht ins Schwimmbad.   **g.** Was **machst** du gern in deiner Freizeit?

7. Complete with the missing verb, choosing from the list below
a. Ich **trinke** oft Orangensaft.   **b.** Ich **liebe** Erdbeeren!
c. Wenn ich die Hausaufgaben gemacht habe, **gehe** ins Fitnessstudio oder ich **spiele** am Computer.
d. Ich **mache** viel Sport.   **e.** Morgens **esse** ich nicht viel. Nur einen Toast mit Marmelade.
f. Mein Vater **arbeitet** als Ingenieur. Ich **arbeite** noch nicht. Ich **bin** Student.
g. Ich **sehe** nicht gern Zeichentrickfilme. Ich **finde** Serien auf Netflix besser.
h. Morgens **stehe** ich gegen sechs Uhr auf.

8. Adverbs of frequency – Translate
a. never   **b.** from time to time   **c.** always   **d.** every day
e. rarely   **f.** once a week   **g.** twice a month

9. Split sentences (Relationships)
(Ich verstehe mich gut mit meiner Mutter.)   (Ich verstehe mich nicht gut mit Max.)
(Meine Eltern sind immer sehr großzügig.)   (Ich liebe meine Oma.)   (Mein Bruder ist supernervig.)
(Ich mag meinen Opa sehr.)   (Meine Freundin wohnt im Stadtzentrum.)
(Ich hasse meine Cousine.)   (Ich verstehe mich gut mit ihm.)
(Mein Bruder und ich verstehen uns gut.)

10. Complete the translation
a. Mein Bruder ist A**nwalt**.   **b.** Ich **arbeite** nicht. Ich bin **Student**.
c. Ab und zu **gehe** ich mit meinem Vater ins Kino.   **d.** Ich **sehe** nie fern.   **e.** Ich **hasse** meine Lehrer.
f. Meine Eltern sind meistens sehr **streng**.   **g.** Ich **gehe nie** joggen.   **h.** Ich **spiele** am liebsten **Schach**.

11. Translate into German
a. Ich spiele jeden Tag Tennis.   **b.** Manchmal trage ich eine Jacke.   **c.** Ich gehe oft ins Fitnessstudio.
d. Ich sehe nicht gern Zeichentrickfilme.   **e.** Ich stehe gegen sechs Uhr morgens auf.
f. Ich dusche mich zweimal pro/am Tag.

UNIT 17

Unit 17. Describing my house: VOCABULARY BUILDING [PART 1] (Page 154)

1. Match up
(ich wohne/I live)   (in einem Haus/in a house)   (in einer Wohnung/in a flat)
(im Wohnzimmer/in the living room)   (hier kann ich/here I can)   (auf dem Land/in the countryside)
(am Stadtrand/in the suburbs)   (einfach nichts tun/simply do nothing)

2. Translate into English
a. I live in an old house.   **b.** I live in a new flat.   **c.** My flat is in the suburbs.
d. In the living room I can watch TV in peace.   **e.** My favourite room is my bedroom.
f. I like to be in the kitchen because it is very modern.   **g.** The balcony is my favourite place in my house.
h. I like the balcony because here I can relax well.   **i.** In the garden I can read a book in peace.

3. Complete with the missing words

a. Ich wohne **an** der Küste.   **b.** Ich **mag** mein Haus.   **c.** Ich **wohne in** einem alten, aber **schönen** Haus.
d. Ich entspanne mich **gern** im Wohnzimmer.   **e.** Mein **Haus** ist am Stadtrand.   **f.** Ich **dusche** mich nie im Garten.
g. Ich bin **gern** auf dem Klo.

4. Complete the words

a. in einem Haus   **b.** am Stadtrand   **c.** Das Haus ist neu.   **d.** Ich mag den Balkon.
e. auf der Terrasse   **f.** in einer kleinen Wohnung

5. Classify the words/phrases below in the table below

Adverbs & Adverbials: a; c; g; k   **Nouns:** h; n; o   **Verbs:** b; d; l; m   **Adjectives:** e; f; i; j

6. Translate into German

a. Ich wohne in einer alten Wohnung.   **b.** Ich wohne in einem neuen Haus.   **c.** in der Stadtmitte
d. Ich entspanne mich gern in der Küche.   **e.** Ich bin gern im Badezimmer.
f. Im Garten kann ich einfach nichts tun.   **g.** Mein Lieblingszimmer ist die Küche.

Unit 17. Describing my house: VOCABULARY BUILDING [PART 2] (Page 155)

1. Split phrases

(auf der Terrasse)   (inder Küche)   (einfach nichts tun)   (im Wohnzimmer)
(ich wohne in einer Wohnung)   (mein Lieblingsort)   (ich mag den Balkon)   (Musik hören)

2. Broken words

a. Ich entspanne mich **gern**.   **b.** Ich wohne in den **Bergen**.   **c.** Ich bin oft im **Wohnzimmer**.
d. Hier kann ich **schön**….... **e.** …in der Sonne **sitzen** **f.** Mein **Lieblingszimmer** ist…   **g.** das **Klo**

3. Translate into English

a. I live in an old house.   **b.** It's in the suburbs.   **c.** It is big but ugly.   **d.** My favourite place is the loo.
e. I am often on the terrace.   **f.** I like to work in the dining room.   **g.** I like to relax.
h. Here I can read in peace.   **i.** I often shower in the garden.   **j.** My room is very nice.

4. Complete with the missing word

a. Ich **entspanne** mich gern.   **b.** Sie ist klein, aber **schön**.   **c.** Es ist im **Stadtzentrum**.
d. Sie ist am **Stadtrand**.   **e.** Ich wohne in einem **großen** Haus.   **f.** Das Haus ist in den **Bergen**.
g. Mein **Lieblings**zimmer ist…   **h.** Hier **kann** ich einfach nichts tun.   **i.** Ich bin gern in meinem **Zimmer**.
j. Es **gibt** vier Zimmer.

5. 'der', 'die' oder 'das'?

a. die Küche   **b. das** Wohnzimmer   **c. das** Esszimmer   **d. der** Balkon   **e. der** Garten   **f. der** Keller
g. das Klo   **h. die** Terrasse   **i. der** Dachboden   **j. das** Arbeitszimmer

6. Bad translation – spot any translation errors and fix them

a. I live in a **beautiful** house   **b.** My favourite room is the **living** room   **c.** Here I can **watch TV** in peace.
d. I live in a **small** flat.   **e.** I **like** my house because it is big and **beautiful.**   **f.** In the **dining room** I can work well.
g. In my room I can listen to music **very** well.

Unit 17. Describing my house: READING (Page 156)

1. Answer the following questions about Dante

a. Italy   **b.** very big   **c.** 10   **d.** kitchen, because he likes cooking   **e.** in his room   **f.** in the mountains
g. No, because it's very small

2. Find the German for the phrases below in Michaels's text

a. ich wohne in einem Reihenhaus   **b.** zu Hause sprechen wir   **c.** aus der französischen Schweiz
d. es gibt auch einen großen Garten   **e.** weil ich supergern esse   **f.** ich sehe immer Zeichentrickfilme
g. ich kann hier in Ruhe arbeiten   **h.** wenn ich Hausaufgaben habe

3. Find Someone Who – which person…
a. Ariane   **b.** Michael   **c.** Dante   **d.** Lenny   **e.** Michael   **f.** Ariane   **g.** Michael und Dante   **h.** Dante

4. Find the German for the following phrases in Ariane's text
a. Ich bin aus Österreich.   **b.** Ich stehe jeden Morgen um fünf Uhr auf.   **c.** weit weg von der Schule
d. Die Wohnung ist sehr alt …   **e.** … und ein bisschen hässlich …   **f.** … aber ich mag sie.
g. zum Beispiel lese ich Bücher

Unit 17. Describing my house: Translation (Page 157)

1. Gapped translation
a. I live in the **mountains**.   **b.** I live in a **small** ugly **flat**.   **c.** It's in the **suburbs**.
f. Ich **wohne** im **Stadtzentrum**.   **g.** In meinem Haus **gibt** es fünf Zimmer.
h. Ich mag die **Küche** nicht, weil sie sehr **alt** ist.

2. Translate into English
a. on the coast   **b.** in the countryside   **c.** I live   **d.** in the city centre   **e.** in the dining room
f. here I can eat in peace   **g.** I like to relax   **h.** in my room   **i.** on the balcony

3. Translate into English
a. I live in a small but beautiful house.   **b.** My house is modern but very ugly.
c. My favourite place is the garden.   **d.** Here I can relax well.
e. I like the balcony because it is pretty big.   **f.** In my room I can listen to music in peace.

4. Tranlate into German
a. groß   **b.** klein   **c.** am Stadtrand   **d.** an der Küste   **e.** das Wohnzimmer
f. im Esszimmer   **g.** hässlich   **h.** das Zimmer   **i.** es gibt   **j.** alt

5. Translate into German
a. Ich wohne in einem kleinen Haus.   **b.** im Stadtzentrum   **c.** in meinem Haus gibt es   **d.** sieben Zimmer
e. mein Lieblingszimmer ist….   **f.** das Wohnzimmer   **g.** Ich entspanne mich gern in meinem Schlafzimmer.
h. Im Wohnzimmer kann ich in Ruhe fernsehen.   **i.** Hier kann ich in Ruhe ein Buch lesen.
j. Ich kann in Ruhe meine Hausaufgaben machen.

Grammar Time 16: WOHNEN + Drills (Page 159)

1. Match
(sie wohnen/they live)   (wir wohnen/we live)   (sie wohnt/she lives)
(ich wohne/I live)   (ihr wohnt/you guys live)   (du wohnst/you live)

2. Complete with the correct form of 'wohnen'
a. Ich **wohne** in einem schönen Bauernhaus.   **b.** Wo **wohnst** du?
c. Wir **wohnen** in einem Bungalow am Stadtrand.   **d.** Sie **wohnt** in einem Haus an der Küste.
e. **Wohnt** ihr in einem Haus oder einer Wohnung?   **f.** Sie **wohnen** in einer alten Wohnung im Zentrum.
g. Wir **wohnen** in einem Einfamilienhaus am Stadtrand.   **h.** Mein Vater **wohnt** in einem Bauernhaus.

3. Complete with the correct form of 'wohnen'
a. Meine Mutter und ich **wohnen** in Paris. Mein Vater **wohnt** in Madrid.   **b.** Wo **wohnt** ihr?
c. Ich **wohne** in London. Mein Bruder **wohnt** in Rom.
d. Meine zwei Onkel **wohnen** in den Vereinigten Staaten, in Los Angeles.   **e.** Meine Freundin **wohnt** nicht hier.
f. Ich **wohne** in einem sehr großen Haus am Stadtrand.   **g.** Du **wohnst** in einem großen Haus.

4. Spot and correct the errors
a. Ich **wohne** in einem Hochhaus im Stadtzentrum.   **b.** Meine Eltern wohnen in **einer** Wohnung in Berlin.
c. Meine Freundin **wohnt** an der Küste.   **d.** Meine Mutter und ich **wohnen** am Stadtrand.
e. **Meine** Brüder Max und Leo **wohnen** in Stuttgart.   **f.** **Mein** Opa **wohnt** in einem reihenhaus in Innsbruck.

5. Complete the translation

a. Meine <u>Geschwister</u> <u>leben</u> auf dem <u>Land</u>.   **b.** Ich <u>wohne</u> in einer <u>Wohnung</u>.
c. Meine Oma <u>wohnt</u> in einem <u>Mehrfamilienhaus</u>.   **d.** Wir <u>wohnen</u> am <u>Stadtrand</u>.
e. Wo <u>wohnst</u> du?   **f.** Sie <u>wohnen</u> in einem **kleinen** <u>Haus</u>.

6. Translate into German

a. Meine Eltern und ich wohnen in einem gemütlichen Haus.
b. Meine Mutter wohnt in einem kleinen Haus an der Küste.
c. Mein Onkel wohnt in einem schönen Haus in den Bergen.
d. Meine Freundin wohnt in einer modernen Wohnung im Zentrum.
e. Meine Schwestern wohnen in einer alten Wohnung am Stadtrand.
f. Mein Freund Paco wohnt in einer großen Wohnung im Stadtzentrum.

Grammar Time 17: Reflexives (Part 1) (Pages 160-161)

1. Complete with <u>mich</u>, <u>sich</u> or <u>uns</u>

a. Sie duschen <u>sich</u>   **b.** Ich rasiere <u>mich</u>   **c.** Sie schminkt <u>sich</u>   **d.** Wir waschen <u>uns</u>
e. Er macht <u>sich</u> fertig   **f.** Wir amüsieren <u>uns</u>   **g.** Sie entspannen <u>sich</u>   **h.** Ich bade <u>mich</u>

2. Complete with the correct from of the verb

a. sie entspannt sich   **b.** wir duschen uns   **c.** ich schminke mich   **d.** er rasiert sich
e. sie machen sich fertig   **f.** ihr wascht euch   **g.** er amüsiert sich   **h.** du putzt dir die Zähne

3. Translate into English

a. I get up early every morning, then I shower and get dressed.
b. My sister puts on make-up every morning. I find she doesn't need that.
c. I shave nearly every day. My father never shaves!
d. My brother brushes his teeth only once a day. But I brush my teeth three times a day.
e. My father has no hair. Therefore he never combs his hair.
f. My mom has a lot of hair. She combs her hair for twenty minutes before she leaves the house.
g. We have no bath tub. Therefore we never bathe but we always shower.
h. I wash every evening before I go to bed.

4. Find in Maik's text below the German for

a. zuerst duscht sie sich   **b.** sie schminkt sich   **c.** er duscht sich   **d.** er kämmt sich
e. meine Mutter macht sich fertig für die Arbeit   **f.** eine halbe Stunde später   **g.** immer ziemlich früh
h. als meine Mutter   **g.** ein bisschen

5. Find the German for the English below in Nils's text

a. ich stehe immer …auf   **b.** ich wasche mich   **c.** ich kämme mir die Haare   **d.** dann putze ich mir die Zähne
e. ich mache mich fertig   **f.** ich rasiere mich   **g.** meistens Müsli mit Milch   **h.** dazu trinke ich

6. Complete

a. Ich dusch<u>e</u> mich.   **b.** Er rasie<u>rt</u> sich.   **c.** Wir dusch<u>en</u> uns.   **d.** Ihr wasch<u>t</u> euch.   **e.** Ich mach<u>e</u> mich fertig.
f. Sie käm<u>mt</u> sich die Haare.   **g.** Ich putz<u>e</u> mir die Zähne.   **h.** Sie bad<u>en</u> sich.

7. Complete

a. <u>Sie stehen</u> um sechs Uhr <u>auf</u>.   **b.** <u>Sie rasieren sich</u> um sieben Uhr.   **c.** <u>Ich dusche mich</u> jeden Morgen.
d. <u>Er rasiert sich</u> nie.   **e.** <u>Wir putzen uns</u> die Zähne.   **f.** <u>Sie schminkt sich</u> stundenlang.

8. Translate

a. Normalerweise dusche ich mich um sieben Uhr.   **b.** Er putzt sich nie die Zähne.
c. Wir rasieren uns dreimal die Woche.   **d.** Sie stehen früh auf.
e. Er kämmt sich nie die Haare.   **f.** Ich bade mich nicht.
g. Wir machen uns fertig für die Schule.   **h.** Sie entspannen sich nie.

Grammar Time 18: ES GIBT + indefinite article + noun. Drills (Pages 163-164)

1. Match
(es gibt/there is)   (wir haben/we have)   (oben/upstairs)

(ein kleines Klo/a small loo)   (eine große Küche/a large kitchen)   (viele Sofas/many sofas)

(außerdem gibt es/besides there is)   (einen dunklen Flur/a dark corridor)

2. Complete with the missing word
a. Wir haben einen **großen** Garten.   **b.** Unten haben wir eine **moderne** Küche.

c. In meinem Haus gibt es viele **große** Fenster.   **d.** Unser Haus hat einen **eleganten** Eingang.

e. In meiner Wohnung gibt es ein **kleines** Klo.

3. Circle the adjective with the correct ending   In meinem Haus gibt es….
a. einen **großen** Garten   **b.** ein **gemütliches** Klo   **c.** ein **helles** Esszimmer

d. eine **moderne** Garage   **e.** viele **schöne** Fenster   **f.** eine **moderne** Küche

g. einen **dunklen** Keller   **h.** ein **großes** Wohnzimmer   **i.** kein **schönes** Schlafzimmer

4. Complete with the adjective ending   In meinem Haus gibt es….
a. eine groß**e** Terrasse   **b.** einen schön**en** Eingang   **c.** eine klein**e** Küche

d. einen hässlich**en** Dachboden   **e.** keinen schön**en** Garten   **f.** eine dunkl**e** Treppe

g. ein klein**es**, aber schön**es** Klo   **h.** viele schön**e** Möbel   **i.** ein hell**es** und sehr groß**es** Esszimmer

5. Circle the correct article   Ich hätte gern….
a. **einen** schönen Garten   **b.** **ein** großes Zimmer   **c.** **eine** moderne Küche

d. **ein** gemütliches Klo   **e.** **ein** helles Wohnzimmer   **f.** **einen** großen Dachboden

g. **eine** schöne Terrasse   **h.** **eine** neue Tür   **i.** **ein** großes Zimmer

6. Complete with the endings
a. Wir haben ein**en** schön**en** groß**en** Garten   **b.** Im ersten Stock gibt es **ein** klein**es** Klo.

c. Außerdem gibt es **ein** gemütlich**es** Gästezimmer.   **d.** Mein Bruder hat **ein** kliener**es** Zimmer als ich.

e. Leider haben wir kein**e** schön**en** Möbel.   **f.** Unten gibt es ein**en** hässlich**en** Keller.

g. Oben gibt es ein**en** groß**en** praktisch**en** Dachboden.   **h.** Außerdem haben wir **ein** hell**es** Badezimmer.

i. Ich hätte gern **ein** größer**es** Zimmer.

7. Find the German for the English below in Ulli's text
a. eine kleine Küche   **b.** ein bisschen unheimlich   **c.** nicht so schön   **d.** drei Schlafzimmer

e. ich kann hier nichts machen   **f.** größer als meins   **g.** unten (im Haus)   **h.** es gibt einfach keinen Platz

i. immerhin

8. Find the German for the English below in Lena's text
a. wir haben   **b.** ein großes Wohnzimmer   **c.** ziemlich cool   **d.** eine schöne neue Küche

e. mein Lieblingszimmer   **f.** es ist groß und gemütlich   **g.** hier kann ich   **h.** leider haben wir

i. das ist schade

9. Answer the following questions about Maik
a. in the mountains   **b.** comfy   **c.** his room   **d.** many posters   **e.** a large attic

f. many old skis and his old snowboard   **g.** finds it cool

10. Guided writing – write 2 short paragraphs in the first person
Lisa: Ich wohne in einem schönen Haus am Stadtrand. Es gibt eine moderne Küche, ein kleines Badezimmer und drei Schlafzimmer. Mein Lieblingszimmer ist mein Zimmer, denn es ist gemütlich und hier kann ich in Ruhe ein Buch lesen. Ich hätte gern einen größeren Garten.

André: Ich wohne in einer großen Wohnung im Stadtzentrum. Sie hat einen eleganten Eingang und eine alte Küche. Mein Lieblingszimmer ist das Wohnzimmer. Es ist hell und gemütlich und ich kann gut fernsehen. Ich hätte gern ein helleres Zimmer.

Unit 18. Saying what I do at home: VOCABULARY BUILDING [PART 1] (Page 167)

1. Match up

(ich lese Comics/I read comics)   (ich sehe einen Film/I watch a film)   (ich esse etwas/I eat something)

(ich lese ein Magazin/I read a magazine)   (ich ziehe mich an/I get dressed)   (ich quatsche mit/I chat with)

(ich mähe den Rasen/I mow the lawn)   (ich dusche mich/I shower)

2. Translate into English

a. Usually I shower at around seven o'clock.   **b.** I often go into the living room and watch TV.

c. Before I go to bed, I read an exciting book.   **d.** When I need quiet, I go (in)to my room.

e. In the evening, I often chat with my father.   **f.** When I am hungry, I go to the kitchen and eat something.

g. Sometimes I go into the living room and play PlayStation with my brother.

h. When I have time, I go into the garden and I play football.

3. Complete with the missing words

a. Ich **ziehe** mich an.   **b.** Ich **sehe** einen Film.   **c.** Ich **lese** ein spannendes Buch.

d. Ich **putze** mir die Zähne.   **e.** Ich dusche **mich**.   **f.** Ich **esse** etwas.   **g.** Ich **gehe** ins Internet.

h. Ich **höre** Musik.   **i.** Ich **sehe** fern.   **j.** Ich **schlafe** ein bisschen.

4. Complete the words

a. ich q**uatsche**   **b.** ich s**ehe**   **c.** ich h**öre**   **d.** ich m**ache**   **e.** ich p**utze**   **f.** ich s**chlafe**   **g.** ich g**ehe**

h. ich s**piele**   **i.** ich ü**be**   **j.** ich p**oste**   **k.** ich m**ähe**   **l.** ich **lese**

5. Classify the words/phrases below in the table below

Time phrases: a; b; c; j; k   **Locations in the house:** d; h; o

Things you do in the bathroom: g; i   **Free-time activities:** e; f; l; m; n; p

6. Fill in the table with what activities you do in which room

ich spiele am Computer: in meinem Zimmer; im Wohnzimmer; …   **ich sehe fern:** im Wohnzimmer; in der Küche; …

ich dusche mich: im Badezimmer   **ich mache meine Hausaufgaben:** in meinem Zimmer; im Esszimmer; in der Küche; im Wohnzimmer; …   **ich putze mir die Zähne:** im Badezimmer   **ich entspanne mich:** in meinem Zimmer; im Wohnzimmer; auf dem Balkon; im Garten; …

Unit 18. Saying what I do at home: VOCABULARY BUILDING [PART 2] (Page 168)

7. Complete the table

(I get dressed/ich ziehe mich an)   (I shower (myself)/ich dusche mich)

(I do homework/ich mache Hausaufgaben)   (I sleep a little/ich schlafe ein bisschen)

(I eat something/ich esse etwas)   (I chat with my brother/ich quatsche mit meinem Bruder)

(I relax/ich entspanne mich)

8. Multiple choice quiz

(nie/never)   (manchmal/sometimes)   (Zimmer/room)   (ich sehe/I watch)

(ich esse/I eat)   (ich lese/I read)   (ich gehe aus/I go out)   (Küche/kitchen)

(ich spiele/I play)   (ich höre/I listen to)   (ich schlafe/I sleep)   (immer/always)

9. Anagrams

auf dem Balkon = on the balcony   manchmal = sometimes   in der Küche = in the kitchen

auf dem Klo = on the loo   ich lese = I read   ich sehe fern = I watch TV

10. Gap-fill from memory

a. Ich **lese** ein spannendes Buch.   **b.** Ich **putze** mir die Zähne im Bad.   **c.** Ich **sehe** Serien auf Netflix.

d. Ich **höre** nie Popmusik.   **e.** Ich **mache** meine Hausaufgaben.   **f.** Ich **poste** oft Fotos auf Instagram.

g. Am Wochenende **fahre** ich Fahrrad.   **h.** Ich **gehe** gegen ein Uhr aus dem Haus.

i. Ich **mache** das Abendessen.   **j.** Ich **spiele** Karten im Wohnzimmer.

11. Complete based on the translation in brackets
a. **Gegen** halb a**cht** **putze** ich m**ir** die **Zähne**.   **b.** **Gegen** **Viertel** nach **sieben** **frühstücke** ich.
c. Wenn i**ch** **Hunger** h**abe**, **gehe** i**ch** in die **Küche**.   **d.** I**ch** s**ehe** **immer** **fern**, bevor i**ch** **schlafen** **gehe**.
e. I**ch** l**ese** o**ft** e**in** B**uch** i**m** W**ohnzimmer**.   **f.** I**ch** h**öre** am liebsten M**usik** **in** m**einem** Z**immer**.
g. G**egen** f**ünf** m**ache** i**ch** m**eine** H**ausaufgaben**.

12. Broken words
a. die K**üche**   **b.** auf die Ter**rasse**   **c.** manch**mal**   **d.** im**mer**   **e.** auf dem B**alkon**   **f.** ich lese ein B**uch**
g. in meinem Zimmer**   **h. ich esse e**twas**

Unit 18. Saying what I do at home: READING (Page 169)

1. Answer the following questions about Fabian
a. Frankfurt   **b.** A dog   **c.** He goes to the gym   **d.** He never does sport
e. In the living room   **f.** His mother   **g.** In his room

2. Find the German for the phrases below in Eddie's text
a. stell dir vor   **b.** zuerst dusche ich mich   **c.** aus dem Haus   **d.** auf meinem Pferd
e. ich gehe in mein Zimmer   **f.** ich skype mit meiner Oma   **g.** im Zimmer von meinem Bruder
h. ich quatsche total oft   **i.** wir sind wie beste Freunde

3. Find the German for the following phrases/sentences in Valentina's text
a. ich komme aus Italien   **b.** ich wache immer früh auf   **c.** ich frühstücke nie
d. Valeria isst immer mit meinem Vater   **e.** im Esszimmer   **f.** ins Wohnzimmer
g. ich mache am liebsten/am liebsten mache ich

4. Find Someone Who – which person…
a. Eddie   **b.** Eddie   **c.** Eddie   **d.** Valentina   **e.** Fabian   **f.** Valentina   **g.** Eddie   **h.** Eddie

Unit 18. Saying what I do at home: WRITING (Page 170)

1. Split sentences
(Ich quatsche mit meiner Mutter.)   (Ich entspanne mich im Garten.)   (Ich mache das Essen.)
(Ich poste Fotos auf Instagram.)   (Ich mache meine Hausaufgaben.)   (Ich gehe in die Küche.)
(Ich spiele mit meinem Bruder.)   (Ich lese ein spannendes Buch.)

2. Complete with the correct option
a. Ich stehe um sechs Uhr morgens **auf**.   **b.** Ich spiele Fußball im **Garten**.
c. Ich sehe einen Film in **meinem Zimmer**.   **d.** Ich höre Musik in der **Küche**.
e. Ich mache das **Essen** mit meinem Vater.   **f.** Ich **putze** mir die Zähne.
g. Ich **sehe** gern Science-Fiction-Filme.   **h.** Ich **reite** auf meinem Pferd zur Schule.

3. Spot and correct the grammar and spelling mistakes [note: in several cases a word is missing]
a. ich dusche mich **im** Badezimmer   **b.** ich frühstücke in **der Küche**
c. ich lese in **meinem** Zimmer   **d.** ich **spiele** **(am)** **Computer**
e. ich gehe in **den** Garten   **f.** ich mache meine **Hausaufgaben**
g. ich **sehe** Serien auf Netflix   **h.** ich **reite** auf **meinem** Pferd
i. im Zimmer **von** meinem Bruder

4. Complete the words
a. ich früh**stücke**   **b.** in der K**üche**   **c.** in meinem **Zimmer**   **d.** die **Garage**
e. Ich **gehe** a**us** d**em** H**aus**.   **f.** im W**ohnzimmer**   **g.** im E**sszimmer**   **h.** im B**adezimmer**
i. Ich s**ehe** F**ilme** …   **j.** … i**m** W**ohnzimmer**.

5. Guided writing – write 3 short paragraphs in the first person [I] using the details below

Marcel: Ich stehe um Viertel nach sechs auf. Ich dusche mich im Badezimmer. Dann frühstücke ich in der Küche. Ich gehe mit meinem Bruder zur Schule. Nachmittags gehe ich in die Küche und ich mache das Essen. Abends gehe ich ins Wohnzimmer und ich sehe fern.

Tim: Ich stehe um halb acht auf. Dann gehe ich in die Dusche und ich dusche mich. Ich frühstücke im Esszimmer, dann gehe ich mit meiner Mutter zur Schule. Nachmittags gehe ich auf den Balkon und ich mache Hausaufgaben. Abends lese ich ein Buch.

Marianne: Ich stehe um Viertel vor sieben auf. Ich gehe ins Badezimmer und ich dusche mich. Danach frühstücke ich im Wohnzimmer. Ich gehe mit meinem Onkel zur Schule. Nachmittags gehe ich in den Garten und höre Musik. Abends poste ich Fotos auf Instagram.

Grammar Time 19: Destinations vs Locations. Drills (Page 172)

1. Match

(im Badezimmer/in the bathroom)   (in die Küche/into the kitchen)   (im Garten/in the garden)

(ins Badezimmer/into the bathroom)   (im Wohnzimmer/in the living room)   (in der Küche/in the kitchen)

(ins Wohnzimmer/into the living room)   (in den Garten/into the garden)

2. Complete with the preposition and article

a. Ich gehe **ins** Badezimmer.   **b.** Ich bin **im** Wohnzimmer.   **c.** Mein Vater arbeitet **im** Arbeitszimmer.

d. Wir gehen **in den** Garten und spielen Fußball.   **e.** Mein Opa geht **in den** Keller und spielt Saxophon.

f. Wir fahren am Wochenende **in die** Berge!   **g.** Ich frühstücke immer **in der** Küche.

3. Underline the correct option

a. Ich lese ein Buch **im Badezimmer**.   **b.** Nach dem Essen gehe ich **in den Garten**.

c. Ich entspanne mich **auf der Terrasse**.   **d.** Ich putze mir **im Badezimmer** die Zähne.

e. Mein Onkel geht oft **an den Strand**.   **f.** Meine Mutter ist **auf dem Dach**.

g. Ich bin oft **in der Garage**.   **h.** Meine Schwester geht **in die Küche**.

4. Complete the <u>location</u> with the missing word

a. Ich bin auf **dem** Balkon.   **b.** Ich lese ein Buch auf **der** Terrasse.   **c.** Ich esse etwas in **der** Küche.

d. Mein Fahrrad ist in **der** Garage.   **e.** Die Katze ist auf **dem** Dach.   **f.** Ich sehe **im** Wohnzimmer fern.

g. Ich mähe den Rasen **im** Garten.

5. Complete the <u>destination</u> with the missing word

a. Ich gehe auf **den** Balkon.   **b.** Ich gehe auf **die** Terrasse.   **c.** Ich gehe in **die** Küche.

d. ich gehe in **den** Garten.   **e.** Ich gehe oft **ins** Stadion …   **f.** … und dann an **den** Strand.

g. Ich fahre in **die** Stadt, …   **h.** … dann **ins** Fitnessstudio.   **i.** Um zehn gehe ich **ins** Bett.

6. Complete the <u>destination or location</u> with a word from the box below

a. Wenn ich Hunger habe, gehe ich in die **Küche**.   **b.** Wenn ich müde bin, lege ich mich ins **Bett**.

c. Wenn es sonnig ist, chille ich im **Garten**.   **d.** Morgens gehe ich ins **Badezimmer** und ich dusche mich.

e. Das Auto ist in der **Garage**.   **f.** Die Katze entspannt sich oben auf dem **Dach**.

g. Am Wochenende fahren wir an den **Strand**.   **h.** Ich mache Krafttraining im **Fitnessstudio**.

Grammar Time 20: SPIELEN, … (Part 3) + Reflexives (Part 2) (Page 173-174)

1. Complete with 'mache', 'spiele' or 'gehe'

a. ich **mache** meine Hausaufgaben   **b.** ich **spiele** Schach   **c.** ich **gehe** klettern   **d.** ich **gehe** ins Schwimmbad

e. ich **spiele** am Computer   **f.** ich **mache** das Essen   **g.** ich **spiele** Karten   **h.** ich **mache** einfach nichts

2. Complete with the missing forms of the present tense of the verbs below

ich mache; gehe; spiele   **du** machst; gehst; spielst   **er, sie, es** macht; geht; spielt

wir machen; gehen; spielen   **ihr** macht; geht; spielt   **sie, Sie** machen; gehen; spielen

3. Complete with the appropriate verb

a. Meine Mutter **geht** jeden Samstag in die Kirche.
b. Meine Schwester **macht** nie ihre Hausaufgaben.
c. Wir **spielen** jeden Tag Basketball.
d. Meine Eltern **machen** nicht viel Sport.
e. Meine Brüder **spielen** oft Schach.
f. Meine Freundin und ich **gehen** zu Fuß zur Schule.
g. Was **machst** du?
h. Wohin **geht** ihr?
i. Was **machst** du beruflich?
j. Meine Onkel **spielt** Fußball mit uns.
k. Meine Freunde **gehen** oft ins Stadion.
l. Mein Vater **spielt** oft Tennis.
m. Im Sommer **gehen** meine Eltern und ich manchmal klettern.
n. Am Wochenende **machen** meine Eltern und ich einfach nichts.

4. Complete with the correct form of spielen

a. ich **spiele** Tennis
b. du **spielst** Karten
c. Sie **spielen** Gitarre
d. ich **spiele** im Garten
e. wir **spielen** manchmal
f. Was **spielst** du?
g. er **spielt** Cricket
h. ihr **spielt** Rugby
i. du **spielst** Klavier
j. es **spielt** im Garten
k. du **spielst** gern
l. sie **spielen** Schach

5. Complete with the correct form of gehen

a. ich **gehe** ins Kino
b. du **gehst** nach Hause
c. sie **gehen** auf den Balkon
d. er **geht** in die Küche
e. ich **gehe** surfen
f. wir **gehen** an den Strand
g. du **gehst** ins Bad
h. ich **gehe** zur Schule
i. wir **gehen** aufs Klo
j. ihr **geht** segeln
k. du **gehst** in den Park
l. Sie **gehen** wandern

6. Translate into English

a. We often play on the computer.
b. My brother never does weight lifting.
c. My sister plays netball every day.
d. My father most likes playing tennis.
e. What work do you guys do?
f. Where do you guys go after school?
g. My brother and I often play chess.
h. My parents and I often go rock climbing.
i. My brother never goes to the cinema.
j. My best friend goes to the stadium every Saturday.

7. Complete with the correct verb ending and reflexive pronoun

a. Meine Mutter putz**t** **sich** die Zähne.
b. Mein Bruder wäsch**t** **sich** nie.
c. Ich dusch**e** **mich** oft.
d. Mein Vater rasier**t** **sich** jeden Tag.
e. Du mach**st** **dich** fertig.
f. Wir bad**en** **uns** gegen sieben Uhr.
g. Wann zieh**st** du **dich** an?
h. Rasier**t** ihr **euch** nie?
i. Amüsier**st** du **dich**?

8. Translate into German

a. Wir duschen uns um sechs.
b. Er duscht sich, dann rasiert er sich.
c. Ich dusche mich gegen sieben.
d. Mein Vater rasiert sich nie.
e. Meine Brüder waschen sich nie.
f. Er zieht sich an.
g. Sie baden sich.
h. Sie macht sich fertig.
i. Er putzt sich die Zähne.
j. Wann entspannt ihr euch?

UNIT 19

Unit 19. My holiday plans: VOCABULARY BUILDING (Page 177)

1. Match up

(Diesen Sommer …/This summer …)
(… werde ich/… I will)
(nach Deutschland/to Germany)
(in den Ferien/in the holidays)
(in der Sonner liegen/to lie in the sun)
(ich würde gern/I would like to)
(bleiben/to stay)
(reisen/to travel)

2. Complete with the missing word

a. Ich werde mich **entspannen** und …
b. … nur essen und **schlafen**.
c. Ich werde **tauchen** gehen.
d. Wir werden mit dem **Auto** nach Italien reisen.
e. Ich werde auf einem **Campingplatz** bleiben.
f. Das wird **Spaß** machen.
g. Wir werden **lecker** essen.
h. Ich werde mit dem **Zug** reisen.
i. Ich werde auch **klettern** gehen.

3. Translate into English

a. This summer, I will go to Italy.   **b.** We will stay there for 3 weeks.   **c.** I will fly to Cuba.
d. We will buy souvenirs every day.   **e.** I would like to party every day.   **f.** I will play with my friends.
g. I would like to only eat and drink.   **h.** I will relax.   **i.** I will do sport with my brother

4. Broken words

a. Ich werde es**sen** und tr**inken**.   **b.** Wir werden nichts ma**chen**.
c. Ich werde 2 Wochen bl**eiben**.   **d.** Ich w**ürde** gern…
e. eine Stadtrundf**ahrt** machen.   **f.** Fahrrad fa**hren**
g. in der Sonne li**egen**   **h.** Ich werde Souvenirs ka**ufen**.

5. 'gehen, 'spielen' oder 'machen'?

a. Karten **spielen**   **b.** klettern **gehen**   **c.** ins Kino **gehen**
d. eine Stadtrundfahrt **machen**   **e.** tauchen **gehen**   **f.** Party **machen**
g. mit Freunden **spielen**   **h.** Sport **machen**   **i.** Schach **spielen**   **j.** an den Strand **gehen**

6. Bad translation: spot any translation errors and fix them

a. **This** summer **we** will …   **b.** **I** will travel to Argentina in the holidays.
c. We will stay in a **hotel** for **one week**.   **d.** I would like to go **diving every day**.
e. We will do **a lot of** sports and go to **the beach** every day.   **f.** I will travel there by **train**.
g. I will see new **people** every day.

Unit 19. My holiday plans: READING (Part 1) (Page 178)

1. Find the German for the following in Hugo's text

a. ich komme aus   **b.** aber ich wohne in   **c.** diesen Sommer werde ich   **d.** mit meinem Freund
e. wir werden dorthin reisen   **f.** jeden Tag   **g.** ich werde nicht   **h.** ich liege lieber in der Sonne

2. Find the German for the following in Diana's text

a. mit dem Schiff   **b.** wir haben viel Zeit   **c.** ich werde fünf Wochen dort bleiben   **d.** ich tanze total gern
e. also werden wir   **f.** ich werde auch   **g.** viel essen   **h.** nicht so spannend

3. Complete the following statements about Deryk

a. Canada **b.** his wife **c.** England and Québec **d.** relax and read books **e.** cycle and eat tasty food **f.** chips and cheese

4. List any 7 details about Dino (in 3rd person) in English

1. he is Italian **2.** he is from Venice **3.** he will go to Mexico **4.** by plane **5.** stay for 2 weeks   **6.** in a tent
7. on the beach **8.** he will visit the sights, museums, art galleries. **9.** he won't do sport, but culture **10.** he loves culture

5. Find someone who …

a. Diana   **b.** Dino   **c.** Hugo   **d.** Diana/Hugo   **e.** Hugo

Unit 19. My holiday plans: READING (Part 2) (Page 179)

1. Answer the following questions about Marlene

a. Hamburg **b.** turtle **c.** family **d.** luxurious hotel **e.** go swimming, lie in he sun **f.** good weather **g.** by car **h.** sight-seeing

2. Find the German in Nikolas' text

a. diesen Sommer   **b.** mit dem Auto   **c.** in einem günstigen Hotel   **d.** der Hafen   **e.** groß und berühmt
f. eine Modelleisenbahn   **g.** der Julius heißt   **h.** ich freue mich schon darauf

3. Find the German for the following phrases/sentences in Franziska's text

a. mit meinem Bruder Stefan   **b.** ein Freizeitpark   **c.** mit vielen Attraktionen   **d.** außerdem werden wir
e. Ich möchte auch   **f.** einfach nichts tun   **g.** unsere Lieblingsband   **h.** günstig und bequem

4. Find someone who: which person …

a. Marlene   **b.** Nikolas   **c.** Marlene   **d.** Franziska   **e.** Nikolas   **f.** Franziska   **g.** Marlene   **h.** Marlene

1. Gapped translation

a. Ich **werde** nach Deutschland reisen.

b. Ich werde mit dem **Auto** fahren.

c. Wir werden eine Woche dort **bleiben**.

d. Ich **werde** in einem günstigen Hotel **wohnen**.

e. Wir **werden** jeden Tag an den **Strand** gehen.

f. Wenn das Wetter **schön** ist, werde ich in der Sonne **liegen**.

g. Ich werde viele Fotos **machen**.

2. Translate to English

a. to eat an ice cream   **b.** to buy souvenirs   **c.** to relax   **d.** to take pictures   **e.** to go to the beach

f. every day   **g.** by plane   **h.** to go diving   **i.** to party

3. Spot and correct the grammar and spelling mistakes [note: in several cases a word is missing]

a. Ich **werde** viel Sport machen.

b. Ich werde **eine** Woche dort **bleiben**.

c. Ich werde in **einem** Luxushotel wohnen.

d. Ich werde auf einem Campingplatz **wohnen**.

e. Ich **werde** jeden Tag Fußball **spielen**.

f. Wir **werden** in der **Stadt Party** machen.

g. Ich werde an **den** Strand gehen.

h. Ich werde mit **meinen** Freunden **spielen**.

4. Categories: Positive or Negative?

a. P   **b.** N   **c.** P   **d.** N   **e.** P   **f.** N   **g.** P   **h.** N   **i.** N   **j.** P

5. Translate into German

a. Ich werde mich entspannen.

b. Ich werde tauchen gehen.

c. Wir werden jeden Tag an den Strand gehen.

d. Ich würde gern in der Sonne liegen.

e. Ich würde gern die Sehenswürdigkeiten besichtigen.

f. Ich werde in einem Hotel wohnen.

g. Wir werden auf einem Campingplatz wohnen.

h. Wir werden mit dem Flugzeug reisen.

i. Ich werde mit dem Auto fahren.

j. Das wird Spaß machen!

Revision Quickie 6: Daily Routine/House/Home life/Holidays (Page 181-182)

1. Match-up

(am Stadtrand/in the suburbs)   (im Badezimmer/in the bathroom)   (in der Küche/in the kitchen)

(in meinem Haus/in my house)   (im Garten/In the garden)   (in meinem Zimmer/in my room)

(im Esszimmer/in the dining room)   (in der Dusche/in the shower)   (im Wohnzimmer/in the living room)

2. Complete with the missing letters

a. ich du**sche** mich

b. ich st**ehe** auf

c. ich se**he** fern

d. ich le**se** Comics

e. ich g**ehe** aus dem Haus

f. ich ko**mme** in der Schule an.

g. ich fa**hre** mit dem Bus

h. ich z**iehe** mich an

i. ich frühstü**cke**

3. Spot and correct any of the sentences below which do not make sense

a. Ich dusche mich **im Badezimmer**.

b. Ich esse **im Esszimmer**.

c. Ich mache das Essen **in der Küche**.

d. Ich wasche mir die Haare **im Badezimmer**.

e. Ich fahre **mit dem Bus** zur Schule.

f. Ich spiele Tischtennis mit meinem Hund. *- Stell dir vor!*

g. Das Sofa ist **im Wohnzimmer/in meinem Zimmer/…**.

h. Ich sehe **im Wohnzimmer/in der Küche/…** fern.

i. Ich schlafe **in meinem Zimmer/im Garten…**.

j. Ich parke das Auto **in der Garage**.

4. Split sentences

(Ich sehe fern.)   (Ich höre Musik.)   (Ich lese ein spannendes Buch.)

(Ich fahre mit dem Bus.)   (Ich frühstücke Müsli mit Milch.)   (Ich fliege in die Karibik.)

(Ich trinke einen Kaffee.)   (Ich poste Fotos auf Instagram)   (Ich mache Hausaufgaben.)

(Ich liege in der Sonne.)   (Ich arbeite im Büro.)   (Ich spiele Karten.)

5. Match the opposites

(gut/schlecht)   (nett/gemein)   (leicht/schwierig)   (spannend/langweilig)   (gesund/ungesund)

(hässlich/schön)   (teuer/billig)   (langsam/schnell)   (oft/selten)   (nie/immer)   (klein/groß)

6. Complete with the missing words

a. Ich reise **mit** dem Flugzeug nach Japan
b. Ich fahre mit meinen Eltern **nach** Italien.
c. Ich wohne **in** einem Hotel.
d. Ich gehe oft **an** den Strand.
e. Wir bleiben **auf** einem Campingplatz.
f. Ich werde einmal **pro** Woche in den Park gehen.
g. Ich gehe **ins** Internet.
h. Ich poste Fotos **auf** Instagram.

7. Draw a line in between each word

a. Ich spiele gern Tennis.
b. Ich sehe fern und ich höre Musik.
c. In meiner Freizeit gehe ich oft ins Kino.
d. Ich werde mit dem Auto nach Italien fahren.
e. Wir werden eine Woche dort bleiben.
f. Ich werde jeden Morgen an den Strand gehen.
g. Am Samstag werde ich Party machen.
h. Ich mache nie Hausaufgaben.

8. Spot the translation mistakes and correct them

a. I got to be **late**.   **b.** I hate **Basketball**.   **c.** I am going to go **to the cinema**.   **d.** Today, **we will** do nothing.
e. I will go **rock climbing**.   **f.** I will travel **by car**.   **g.** I am going to stay in a **luxury** hotel.   **h.** I will watch **a film**.

9. Translate into English

a. I travel by bus   **b.** I will stay at home   **c.** I will play tennis   **d.** I wash myself   **e.** I watch a film
f. I tidy my room   **g.** I eat vegetables   **h.** I eat eggs for breakfast   **i.** I do nothing   **j.** I work on the computer

10. Translate into English

a. First I shower and then I have breakfast.
b. Tomorrow, I will travel to Japan
c. I relax in my room.
d. I never play basketball, but often football.
e. I get up early every day, and you?
f. I normally eat nothing for breakfast.
g. I will go to Italy by car.
h. In my free time, I often play chess
i. I am not often online. I find that boring.

11. Complete with the missing letters   **a.** ich früh**stücke**   **b.** ich s**ehe**   **c.** ich m**ache**   **d.** ich p**utze**
e. ich l**ese**   **f.** ich ar**beite**   **g.** ich fl**iege**   **h.** ich sch**lafe**   **i.** ich g**ehe**

Question Skills 4: Daily routine/House/Home life/Holidays (Page 183)

1. Complete the questions with the correct option

a. Wann   **b.** Was   **c.** Wohin   **d.** Welche   **e.** Wie viele   **f.** Warum   **g.** Wie oft   **h.** Seit wann

2. Split questions

(Wie viel Taschengeld bekommst du?)   (Was isst du zum Frühstück?)
(Was machst du in deiner Freizeit?)   (Kannst du Hockey spielen?)
(Warum spielst du nicht Fußball im Park?)   (Wie oft gehst du ins Fitnessstudio pro Woche?)
(Was ist dein Lieblingszimmer?)   (Wohin wirst du im Sommer fahren?)   (Wer ist deine beste Freundin?)

3. Match each statement below to one of the questions included in activity 1 above

a. - e. Wie viele Haustiere hast du?
b. - d. Welche Musik hörst du am liebsten?
c. - f. Warum bist du Vegetarier?
d. - a. Wann stehst du auf?
e. - b. Was machst du in deiner Freizeit?
f. - g. Wie oft putzt du dir die Zähne am Tag?
g. - h. Seit wann spielst du Gitarre?
h. - c. Wohin gehst du nach der Schule?

4. Translate into German

a. Wer?   **b.** Wann?   **c.** Mit wem?   **d.** Warum?   **e.** Wie viele?
f. Wie viel?   **g.** Welche Musik?   **h.** Wohin?   **i.** Machst du…?   **j.** Kannst du…?
k. Wo ist…?   **l.** Wie viele Haustiere?   **m.** Was?   **n.** Wirst du …?

5. Translate

a. Wo ist dein Haus?   **b.** Wohin gehst du nach der Schule?   **c.** Was machst du in deiner Freizeit?
d. Seit wann spielst du Schach?   **e.** Was ist dein Lieblingsessen?   **f.** Wie viele Geschwister hast du?
g. Wer ist dein bester Freund/deine beste Freundin?

<h1>Vocabulary Tests</h1>

Vocab Test - UNIT 1

1a. Translate the following sentences (worth one point each) into German

1. Wie heißt du?   **2.** Ich heiße Alex.   **3.** Wie alt bist du?   **4.** Ich bin fünf Jahre alt.
5. Ich bin sieben Jahre alt.   **6.** Ich bin neun Jahre alt.   **7.** Ich bin zehn Jahre alt.
8. Ich bin elf Jahre alt.   **9.** Ich bin zwölf Jahre alt.   **10.** Ich bin dreizehn Jahre alt.

1b. Translate the following sentences (worth two points each) into German

1. Wie heißt dein Bruder?   **2.** Wie heißt deine Schwester?
3. Mein Bruder heißt Markus.   **4.** Meine Schwester ist vierzehn Jahre alt.
5. Mein Bruder ist fünfzehn Jahre alt.   **6.** Ich heiße Lena und ich wohne in Berlin.
7. Ich habe einen Bruder, er heißt Linus.   **8.** Ich habe keine Geschwister.
9. Das ist die Hauptstadt der Schweiz.   **10.** Das ist die Hauptstadt von Österreich.

Vocab Test - UNIT 2

1a. Translate the following sentences (worth one point each) into German

1. Ich heiße Julia.   **2.** Ich bin elf Jahre alt.   **3.** Ich bin fünfzehn Jahre alt.
4. Ich bin achtzehn Jahre alt.   **5.** Mein Geburtstag ist …   **6.** … am vierten Mai
7. … am fünften Juni   **8.** … am sechsten September   **9.** … am zehnten Oktober   **10.** … am elften Juli

1b. Translate the following sentences (worth two points each) into German

1. Ich bin siebzehn Jahre alt. Mein Geburtstag ist am einundzwanzigsten Juni.
2. Mein Bruder heißt Simon. Er ist neunzehn.
3. Meine Schwester heißt Kathrin. Sie ist zweiundzwanzig.
4. Mein Bruder hat am dreiundzwanzigsten März Geburtstag. (*or:* Der Geburtstag meines Bruders ist am …)
5. Ich heiße Sinan. Ich bin fünfzehn. Mein Geburtstag ist am siebenundzwanzigsten Juli.
6. Ich heiße Angela. Ich bin achtzehn. Mein Geburtstag ist am dreißigsten Juni.
7. Wann ist dein Geburtstag?
8. Ist dein Geburtstag im Oktober oder im November?
9. Mein Bruder heißt Peter. Sein Geburtstag ist am einunddreißigsten Januar.
10. Ist dein Geburtstag im Mai oder im Juni?

Vocab Test - UNIT 3

1a. Translate the following sentences (worth one point each) into German

1. schwarze Haare   **2.** dunkelbraune Augen   **3.** blonde Haare   **4.** blaue Augen
5. Ich heiße Benjamin.   **6.** Ich bin zwölf Jahre alt.   **7.** Ich habe lange Haare.   **8.** Ich habe kurze Haare.
9. Ich habe grüne Augen.   **10.** Ich habe braune Augen.

1b. Translate the following sentences (worth two points each) into German

1. Ich habe graue Haare und blaue Augen.   **2.** Ich habe glatte rote Haare.
3. Ich habe lockige weiße Haare.   **4.** Ich habe braune Haare und braune Augen.
5. Ich trage eine Brille und ich habe wellige Haare.   **6.** Ich trage keine Brille, aber ich habe einen Bart.
7. Mein Bruder hat blonde Haare und Sommersprossen.
8. Mein Bruder ist zweiundzwanzig Jahre alt und er hat mittellange schwarze Haare.   **9.** Trägst du eine Brille?
10. Meine Schwester hat grüne Augen und lockige schwarze Haare.

Vocab Test - UNIT 4

1a. Translate the following sentences (worth one point each) into German

1. Ich heiße   **2.** Ich komme aus   **3.** Ich wohne …   **4.** in einem Haus   **5.** in einer Wohnung
6. in einem modernen Gebäude **7.** am Stadtrand   **8.** im Stadtzentrum   **9.** auf dem Land   **10.** in Berlin

1b. Translate the following sentences (worth two points each) into German

1. Mein Bruder heißt Maik.
2. Meine Schwester heißt Jenny.
3. Ich wohne in einem alten Gebäude.
4. Ich wohne in einem kleinen Haus.
5. Ich wohne in einem schönen Haus in den Bergen.
6. Ich wohne in einem hässlichen Haus im Stadtzentrum.
7. Ich bin fünfzehn und ich wohne in Köln, im Westen von Deutschland.
8. Ich komme aus Basel, aber ich wohne im Zentrum von Luzern.
9. Ich komme aus Österreich und ich wohne in einem schönen Haus in Wien.
10. Ich wohne in einer kleinen Wohnung auf dem Land.

Vocab Test - UNIT 4a

1a. Translate the following sentences (worth one point each) into German

1. Das Wetter ist   **2.** schön   **3.** schlecht   **4.** es ist   **5.** kalt
6. warm   **7.** sonnig   **8.** bedeckt   **9.** heiter   **10.** es regnet

1b. Translate the following sentences (worth two points each) into German

1. Das Wetter ist schön in Berlin.   **2.** Es ist oft sonnig.
3. Es ist manchmal zu kalt.   **4.** Es schneit selten.
5. Es regnet oft, wo ich wohne.   **6.** Im Sommer ist es immer heiß.
7. Es gibt oft Gewitter.   **8.** Das Wetter ist schlecht im Herbst.
9. Ich liebe es, wenn es heiß ist.   **10.** Ich finde das Wetter hier okay.

Vocab Test - UNIT 5

1a. Translate the following sentences (worth one point each) into German

1. Es gibt …   **2.** meine große Schwester   **3.** meinen kleinen Bruder   **4.** meine kleine Schwester   **5.** meinen Vater
6. meine Mutter   **7.** meinen Onkel   **8.** meine Tante   **9.** meinen Cousin   **10.** meine Cousine

1b. Translate the following sentences (worth two points each) into German

1. In meiner Familie gibt es vier Personen.
2. Es gibt meinen Vater, meine Mutter und meine zwei Brüder.
3. Ich verstehe mich gut mit meinem Bruder.
4. Meine Schwester ist zweiundzwanzig Jahre alt.
5. Mein Bruder ist sechzehn Jahre alt.
6. Mein Opa ist achtundsiebzig.
7. Meine Oma ist siebenundsechzig.
8. Mein Onkel heißt Josef und er ist vierundfünfzig.
9. Meine Tante heiße Annika und sie ist vierundvierzig.
10. Meine Cousine Lisa ist siebzehn Jahre alt.

Vocab Test - UNIT 6

1a. Translate the following sentences (worth one point each) into German

1. Er ist **2.** Sie ist **3.** groß **4.** hübsch **5.** ein bisschen pummelig **6.** lustig
7. immer nett zu mir **8.** sehr muskulös **9.** ziemlich nervig **10.** meistens freundlich

1b. Translate the following sentences (worth two points each) into German

1. Meine Mutter ist ziemlich streng.
2. Mein Vater ist sehr stur, aber nett.
3. Meine große Schwester ist immer fleißig.
4. Mein kleiner Bruder ist ein bisschen faul.
5. In meiner Familie gibt es fünf Personen.
6. Ich verstehe mich gut mit meiner Schwester, weil sie nett zu mir ist.
7. Ich verstehe mich nicht gut mit meinem Bruder, weil er supernervig ist.
8. Ich liebe meine Großeltern, weil sie lustig und großzügig sind.
9. Wie sind deine Eltern?
10. Ich mag meinen Onkel, weil er immer freundlich und hilfsbereit ist.*
you can also use 'denn' to translate 'because'. If you do this, the <u>verb</u> does not go to the end of the sentence, but stays next to the **subject**: *'Ich mag meinen Onkel, denn* **er** <u>*ist*</u> *immer freundlich und hilfsbereit'.*

Vocab Test - UNIT 6a

1a. Translate the following sentences (worth one point each) into German

1. ich kann **2.** schwimmen **3.** kochen **4.** tanzen **5.** Gitarre spielen
6. du kannst **7.** wir können **8.** jonglieren **9.** Einrad fahren **10.** singen

1b. Translate the following sentences (worth two points each) into German

1. Ich kann gut singen. **2.** Ich kann nicht tanzen.
3. Wir können im Team arbeiten. **4.** Mein Onkel kann sehr gut Gitarre spielen.
5. Ich kann gut singen und kochen. **6.** Meine Oma kann Yoga. Stell dir vor!
7. Meine Lieblingstante ist superlustig, und sie kann gut Fußball spielen.
8. Ich mag meinen Onkel, weil er kochen kann. **9.** Was kannst du?
10. Mein großer Bruder kann sehr gut zeichnen (= *to draw*) /malen (= *to paint*).

Vocab Test - UNIT 7

1a. Translate the following sentences (worth one point each) into German

1. ich habe … **2.** einen Hund **3.** eine Katze **4.** ein Pferd **5.** einen Wellensittich
6. einen Papagei **7.** eine Schlange **8.** einen Frosch **9.** zwei Hunde **10.** zwei Kaninchen

1b. Translate the following sentences (worth three points each) into German

1. Ich habe einen Papagei. Er heißt Rico. **2.** Ich habe eine Schildkröte, die Speedy heißt.
3. Zu Hause haben wir zwei Fische. **4.** Meine Schwester hat eine Spinne.
5. Ich habe keine Haustiere. **6.** Mein Onkel Dieter hat eine Schlange.
7. Sie heißt Gonzalo. **8.** Ich hätte gern ein Pferd.
9. Ich habe eine Katze. Sie ist sehr süß. **10.** Wie viele Haustiere hast du zu Hause?

Vocab Test - UNIT 8

1a. Translate the following sentences (worth one point each) into German
1. Er ist Koch.   **2.** Sie ist Journalistin.   **3.** Sie ist Kellnerin.   **4.** Sie ist Krankenpflegerin/Krankenschwester
5. Er ist Hausmann. **6.** Sie ist Ärztin.   **7.** Er ist Lehrer.   **8.** Sie ist Geschäftsfrau.   **9.** Er ist Friseur.   **10.** Sie ist Bäuerin.

1b. Translate the following sentences (worth three points each) into German
1. Mein Onkel ist Koch.
2. Meine Mutter ist Krankenpflegerin.
3. Meine Großeltern arbeiten nicht.
4. Meine Schwester arbeitet als Lehrerin.
5. Meine Tante ist Schauspielerin.
6. Mein Cousin ist Student.
7. Meine Cousins sind Anwälte.
8. Er mag seine Arbeit, denn sie ist aufregend.
9. Sie mag ihre Arbeit, denn sie ist bereichernd.
10. Er hasst seine Arbeit, weil sie stressig ist.

Vocab Test - UNIT 9

1a. Translate the following sentences (worth two point each) into German
1. Ich bin größer als mein Bruder.
2. Ich bin kleiner als meine Schwester.
3. Ich bin sportlicher als er.
4. Er ist pummeliger als sie.
5. Sie ist lustiger als er.
6. Mein Opa ist strenger als meine Oma.
7. Wir sind fauler als ihr.
8. Mein Hund ist lauter als meine Katze.
9. Mein Kaninchen ist süßer als mein Pferd.
10. Mein Onkel ist schlanker als mein Vater.

1b. Translate the following sentences (worth three points each) into German
1. Mein Bruder ist großzügiger als mein Cousin.
2. Meine Mutter ist ein bisschen schlauer als mein Vater.
3. Mein Onkel ist nicht so gutaussehend wie mein Vater.
4. Meine ältere Schwester ist viel geschwätziger als meine jüngere Schwester.
5. Meine Schwester und ich sind nicht so groß wie meine Cousins.
6. Mein Großvater ist nicht so streng wie meine Großmutter.
7. Mein Freund Max ist viel freundlicher als mein Freund Alex.
8. Mein Kaninchen ist viel frecher als mein Meerschweinchen.
9. Meine Katze ist viel schneller als mein Hund.
10. Mein Papagei ist nicht so gefährlich wie meine Schildkröte.

Vocab Test - UNIT 10

1a. Translate the following sentences (worth one point each) into German
1. Ich habe einen Kuli/Stift.   **2.** Ich habe ein Lineal.   **3.** Ich habe ein Radiergummi.   **4.** In meiner Tasche habe ich
5. In meinem Federmäppchen   **6.** mein Freund Julian   **7.** Anna hat …   **8.** Ich habe kein Heft.
9. es ist grün   **10.** Der Spitzer ist gelb.

1b. Translate the following sentences (worth three points each) into German
1. In meiner Tasche habe ich vier Bücher.
2. Ich habe ein gelbes Federmäppchen.
3. Ich habe eine rote Wasserflasche.
4. Ich habe keine schwarzen Marker.
5. Es gibt zwei blaue Kulis/Stifte.
6. Meine Freundin Miriam hat eine lila Brotdose.
7. Habt ihr ein Radiergummi?
8. Hast du einen roten Kuli/Stift?
9. Gibt es ein Lineal in deinem Federmäppchen?
10. Was gibt es in deiner Schultasche?

Vocab Test - UNIT 11

1a. Translate the following sentences (worth three points each) into German
1. Ich trinke gern Milch.　　**2.** Ich esse gern Schokolade.　　**3.** Ich esse nicht gern Fleisch.
4. Ich esse lieber Fisch.　　**5.** Obst ist sehr gesund.　　**6.** Honig ist zu süß.
7. Ich trinke am liebsten Tee.　　**8.** Ich hasse Milch.　　**9.** Ich liebe Wasser.　　**10.** Ich mag Käse.

1b. Translate the following sentences (worth five points each) into German
1. Ich esse gern Schokolade, weil es lecker ist.
2. Ich esse gern Äpfel, weil sie gesund sind.
3. Ich esse am liebsten Obst, weil es reich an Vitaminen ist.
4. Ich esse nicht gern Steak, weil es zu fettig ist.
5. Jedoch esse ich gern Fisch, weil es reich an Proteinen ist.
6. Ich liebe Kartoffeln, sie sind mein Lieblingsessen!
7. Außerdem esse ich gern Obst, denn es ist lecker und reich an Vitaminen.
8. Was isst und trinkst du gern?
9. Ich trinke gern Kaffee, obwohl es ungesund ist.
10. Ich trinke lieber Tee, weil er gesünder ist als Kaffee.

Vocab Test - UNIT 12

1a. Translate the following sentences (worth one point each) into German
1. zum Frühstück　　**2.** zum Mittagessen　　**3.** zum Abendessen　　**4.** ich esse oft　　**5.** dazu trinke ich
6. es ist lecker　　**7.** es ist ekelhaft　　**8.** zu fettig　　**9.** Ich liebe es.　　**10.** Mmh!

1b. Translate the following sentences (worth three points each) into German
1. Ich esse Müsli mit Milch zum Frühstück.　　**2.** Ich esse manchmal Brot mit Käse.
3. Ich esse nie etwas Warmen zum Abendessen.　　**4.** Ich esse lieber etwas Kaltes.
5. Meine Schwester isst oft Toast mit Marmelade.　　**6.** Ich hasse es, weil es zu süß ist!
7. Ich esse am liebsten Nudeln mit Tomatensoße zum Mittagessen.　　**8.** Dazu trinke ich meistens Orangensaft.
9. Mein Bruder trinkt lieber Wasser, weil es gesund ist.
10. Ich liebe Kaffee zum Frühstück, weil es mich wach macht!

Vocab Test - UNIT 13

1a. Translate the following sentences (worth two points each) into German
1. ich trage　　**2.** Zu Hause trage ich …　　**3.** Ich trage oft …
4. einen bequemen Kapuzenpulli　　**5.** ein weißes T-Shirt　　**6.** einen coolen Hut
7. eine warme Jacke　　**8.** schwarze Sportschuhe　　**9.** eine elegante Uniform
10. braune Stiefel

1b. Translate the following sentences (worth three points each) into German
1. Ich trage oft einen grünen Pulli.　　**2.** Zu Hause trage ich einen Trainingsanzug.
3. In der Schule trage ich eine blaue Uniform.　　**4.** Am Strand trage ich einen roten Badeanzug.
5. Meine Schwester trägt immer Jeans.　　**6.** Mein Bruder trägt nie eine Uhr.
7. Meine Mutter trägt Markenklamotten.　　**8.** Ich trage sehr selten einen Anzug.
9. Meine Freundin trägt ein modisches Kleid.　　**10.** Mein Bruder trägt immer Sportschuhe.

Vocab Test - UNIT 14

1a. Translate the following sentences (worth two points each) into German
1. ich mache Hausaufgaben   2. ich spiele Fußball   3. ich gehe klettern   4. ich gehe Rad fahren   5. ich spiele Trompete
6. ich gehe ins Schwimmbad   7. ich mache Sport   8. ich gehe reiten   9. ich spiele Tennis   10. ich gehe an den Strand

1b. Translate the following sentences (worth five points each) into German
1. In meiner Freizeit spiele ich oft mit meinem Bruder Schach.   2. Ich spiele jeden Tag Playstation.
3. Ich gehe manchmal mit meinen Freunden schwimmen.   4. Mein Bruder und ich gehen oft ins Fitnessstudio.
5. Ich mache Krafttraining und gehe jeden Tag joggen.   6. Wenn das Wetter schön ist, gehen wir wandern.
7. Wenn das Wetter schlecht ist, spiele ich Schach.   8. Mein Vater geht am Wochenende schwimmen.
9. Meine jüngeren Brüder geht nach der Schule in den Park.
10. In meiner Freizeit gehe ich klettern oder zu meinem Freund

Vocab Test - UNIT 15

1a. Translate the following sentences (worth two points each) into German
1. wenn das Wetter schön ist   2. wenn das Wetter schlecht ist   3. wenn es sonnig ist   4. wenn es kalt ist
5. wenn es heiß ist   6. ich gehe skifahren   7. ich spiele mit meinen Freunden
8. ich spiele Schach   9. ich gehe ins Fitnessstudio   10. ich fahre Rad

1b. Translate the following sentences (worth four points each) into German
1. Wenn das Wetter schön ist, gehe ich joggen.
2. Wenn es regnet, gehen wir ins Sportzentrum und machen Krafttraining.
3. Am Wochenende mache ich meine Hausaufgaben und ich gehe ins Fitnessstudio.
4. Wenn es heiß ist, geht sie an den Strand oder sie geht Rad fahren.
5. Wenn die Sonne scheint, gehe ich mit meinem Vater joggen.
6. Wenn es stürmisch ist, bleiben wir zu Hause und spielen Karten.
7. Wenn es sonnig ist, gehen sie in den Park und spielen Fußball.
8. Am Wochenende gehe ich mit meiner Freundin an den Strand.
9. Wir machen nie Sport. Wir spielen Computer oder wir sehen fern.
10. Wenn es schneit, gehen wir in die Berge und fahren Ski.

Vocab Test - UNIT 16

1a. Translate the following sentences (worth one points each) into German
1. ich stehe auf   2. ich frühstücke   3. ich esse   4. ich trinke
5. ich gehe ins Bett   6. gegen sechs Uhr   7. ich enstpanne mich   8. mittags
9. um Mitternacht   10. ich mache meine Hausaufgaben

1b. Translate the following sentences (worth three points each) into German
1. Gegen sieben Uhr morgens frühstücke ich.   2. Ich dusche mich, dann ziehe ich mich an.
3. Ich esse, dann putze ich mir die Zähne.   4. Gegen acht Uhr abends esse ich zu Abend.
5. Ich fahre mit dem Bus zur Schule.   6. Nachmittags sehe ich fern.
7. Ich komme um halb fünf wieder nach Hause.   8. Von sechs bis sieben spiele ich am Computer.
9. Danach, gegen halb zwölf, gehe ich ins Bett.   10. Mein Tagesablauf ist einfach.

Vocab Test - UNIT 17

1a. Translate the following sentences (worth one point each) into German
1. ich wohne …   2. in einem neuen Haus   3. in einem alten Haus   4. in einem kleinen Haus
5. in einem großen Haus   6. auf dem Land   7. in den Bergen
8. in einer hässlichen Wohnung   9. am Stadtrand   10. im Stadtzentrum

1b. Translate the following sentences (worth three points each) into German
1. In meinem Haus gibt es vier Zimmer.   2. Mein Lieblingszimmer ist die Küche.
3. Ich entspanne mich gern im Wohnzimmer.   4. In meiner Wohnung gibt es sieben Zimmer.
5. Meine Eltern wohnen in einem großen Haus.   6. Mein Onkel wohnt in einem kleinen Haus.
7. Wir wohnen in einem Einfamilienhaus.   8. Mein Freund Max wohnt in einem Bauernhaus.
9. Mein Onkel wohnt in Hamburg.   10. Meine Eltern und ich wohnen in einem schönen Haus.

Vocab Test - UNIT 18

1a. Translate the following sentences (worth one points each) into German
1. Ich quatsche mit meiner Mutter.   2. Ich spiele PlayStation.   3. Ich lese Zeitschriften/Magazine.
4. Ich lese ein Buch.   5. Ich sehe einen Film.   6. Ich höre Musik.   7. Ich entspanne mich.
8. Ich mache meine Hausaufgaben.   9. Ich sehe fern.   10. Ich gehe aus dem Haus.

1b. Translate the following sentences (worth three points each) into German
1. Morgens gehe ich auf den Balkon und entspanne mich.
2. Ich gehe oft ins Wohnzimmer und sehe fern.
3. Wenn ich Hunger habe, gehe ich in die Küche und ich esse etwas.
4. Ich gehe nie in den Keller, weil es zu dunkel ist.
5. Abends sehe ich Serien auf Netflix.
6. Ich frühstücke normalerweise gegen halb acht.
7. Nach der Schule gehe ich in den Garten und entspanne mich.
8. Wenn ich Zeit habe, spiele ich mit meinem Bruder.
9. Mein Lieblingszimmer ist mein Zimmer, denn es ist groß und hell.
10. Ich sehe manchmal einen Film in meinem Zimmer.

Vocab Test - UNIT 19

1a. Translate the following sentences (worth two points each) into German
1. ich werde   2. mit meiner Familie   3. nach Deutschland   4. reisen   5. wir werden   6. in einem Hotel
7. wohnen/bleiben   8. Ich werde an den Strand gehen.   9. Ich werde Sport machen.   10. Das wird Spaß machen!

1b. Translate the following sentences (worth five points each) into German
1. Wir werden Souvenirs und Klamotten kaufen.
2. Ich werde eine Woche in einem günstigen Hotel wohnen/bleiben.
3. Wir werden drei Wochen dort bleiben und jeden Tag lecker essen.
4. Wir werden jeden Tag an den Strand gehen und in der Sonne liegen.
5. Diesen Sommer werde ich mit meiner Familie nach Italien gehen.
6. Wir werden für zwei Wochen nach Spanien gehen und wir werden mit dem Flugzeug reisen.
7. Ich würde gern Sport machen, an den Strand gehen und tanzen.
8. Wir werden drei Wochen in Österreich bleiben/verbringen, wir werden auf einem Campingplatz bleiben/wohnen.
9. Wir werden in einem Luxushotel wohnen und neue Leute treffen.
10. Das wird Spaß machen! Ich freue mich schon darauf!